政治秩序的觀念

林毓生 著

商務印書館

〈兩種關於如何構成政治秩序的觀念 ── 兼論容忍與自由〉出自《政治秩序與多元社會》；〈中國人文的重建〉、〈甚麼是理性〉、〈論自由與權威的關係〉、〈再論自由與權威的關係〉及〈民主散論〉（原名：〈論民主與法治的關係〉）出自《思想與人物》，由聯經出版事業公司授權出版。

政治秩序的觀念

作　　者：林毓生

責任編輯：毛永波　張宇程

出　　版：商務印書館（香港）有限公司
　　　　　香港筲箕灣耀興道 3 號東滙廣場 8 樓
　　　　　http://www.commercialpress.com.hk

發　　行：香港聯合書刊物流有限公司
　　　　　香港新界大埔汀麗路 36 號中華商務印刷大廈 3 字樓

印　　刷：陽光印刷製本廠有限公司
　　　　　香港柴灣安業街 3 號新藝工業大廈 (6 字) 樓 G 及 H 座

版　　次：2015 年 7 月第 1 版第 1 次印刷
　　　　　© 2015 商務印書館（香港）有限公司
　　　　　ISBN 978 962 07 6546 9
　　　　　Printed in Hong Kong

小　引

　　去年 (2014) 春季，我應鄭培凱教授的邀請，於 1 月中旬偕內子祖錦抵達香港城市大學中國文化中心，擔任為期四個月的訪問教授。我的主要任務是，主講 (分為 10 個子題的)"反思現代性與中國革命經驗"系列講座。

　　這個講座，與"中心"所舉辦的其他講座一樣，對校內師生與校外人士開放，歡迎各界自由聽講。2 月 12 日第一次講座開始時，出乎主辦方的預料，竟然來了七、八十人。在頭幾次講座進行期間，來聽的人們則有變化：有的人聽了一、兩次，不來了；另外，卻有新的聽講者出現。聽講者的數目與哪些人來聽穩定下來以後，直到 4 月 23 日最後一講為止，經常是在六、七十人左右。聽講者除了本校的學生以外，包括相當多大陸來港在各個高校就讀的研究生與本科生、在高校任教的教授們、以及相當多的社會人士。講堂的擴音設備一流，有專業人員調控音質與音量。大家濟濟一堂，氣氛十分熱烈。

　　鑒於聽眾如此熱烈的反應，我本來要以輕鬆、漫談的方式進行的計劃，必須放棄；改以嚴格論證的方式進行。因此，必需重讀許多材料並仔細準備每次開講之前發給聽眾的各個子題的大綱。就這樣，我們 (祖錦和我〔我不會打字，均由祖錦代勞〕) 又重溫了兩個多月非常緊張的教研生活。

　　來聽講座的社會人士當中，一位韓佳小姐於一次講座結束後，跟我說她是香港商務印書館的編輯，在聽講期間，曾看過從圖書館借閱的，我於上世紀 80 年代在台灣出版的兩本文集《思想與人物》與《政治秩序與多元社會》。她說其中一些篇章可以選出來出版一本面對港澳讀者的文集。這對香港讀者會很有用處：香港一般讀者關於政治，過去多是在行政層面上討論，而現在香港的許多讀者已經"覺醒"，對於甚麼樣的政治才具有正當性，很有興趣。而我那兩本文集裏的文章有的正是討論自由、民主、法治、理性等重大課題的複雜性、深刻性與正當性的中文著作。那些篇章禁得起數十年時間的考驗以後所展示的理解與論證，現在正是適合香港有興趣的讀者參考的時候。她接着邀我偕內子與該館副總編輯毛永波先生和她一起餐敍。

我與毛先生見面，交談十分暢快。此事就這樣定了下來：由商務編輯部與我共同決定從上述兩書選出 7 篇。稍後，我覺得僅重印"舊文"不太好，建議另收入 5 篇近十幾年來發表的直接或間接有關的"新作"，也得到毛、韓兩位的同意。韓佳今年 1 月離職他就；編輯工作則由毛永波先生親自接手。

當我接到這 12 篇編好的文字檔進行校讀的時候，發現各文的論旨與論證（除了一篇以外：見本書"附錄"注 1）不必改動；不過，書稿文字表達方式，有的地方相當枝蔓，需要調整或刪除；有的地方則不夠清晰，需要斟酌、改進。這項修訂工作，無可避免地花去許多時間。

此書既是文集，讀者自可按自己的興趣選讀或通讀。希望為讀者的選擇提供一點方便，下面列出選入本書的"新文"5

篇的題目（讀者自可據之與本書目錄作一比照，即可知道哪些篇章是選入本書的"舊文"）：

〈論台灣民主發展的形式、實質、與前景 —— 為紀念殷海光先生逝世三十三周年而作〉

〈學術自由的理論基礎及其實際含意 —— 兼論消極自由與積極自由〉

〈反思儒家傳統的烏托邦主義〉

〈自由主義、知識貴族與公民德行〉

〈紀念殷海光先生逝世四十五周年：專訪林毓生 —— 兼論法治與民主的基礎建設〉

另外，各文之後注明的出處，表示最初發表的地方，並不表示其文字與現在收入本書的文字完全一樣。

感謝韓佳小姐，如果沒有她最初的構想與提議，本書不可能出版。在本書編輯過程中，遇到了一點曲折，對於毛永波先生慷慨而堅定的支持，衷心銘感。我的修訂工作，屢屢遲延，幸賴永波先生惠予同情的理解，從未施以催促的壓力，終於在我的能力範圍之內完成工作，這是我十分感謝的。和往常一樣，內子宋祖錦女士對於我的無條件的支持與協助，是本書終能出版的一大動力，謹此向她敬致謝忱。

林毓生

2015 年 6 月 21 日

於美國威斯康辛州麥迪遜市

目　錄

第一部分

論政治秩序、自由與容忍

兩種關於如何構成政治秩序的觀念 —— 兼論容忍與自由

引言

　　這篇文字源自我在 1984 年 7 月 26 日在台北（提前）舉行的 "殷海光先生逝世十五周年紀念學術座談會" 的談話紀錄。當時因為時間的限制，只能大概地談個梗概，後來看到一篇以同情的立場所作的簡單報導，但內容卻有許多錯誤；我才更確切地體會到，在中文世界裏，如要討論一些自由主義的基本觀念，一定得作較為詳盡的說明。

　　自由、民主，與法治做為口號來講，在中國已有近百年的歷史。然而，由於我們過去的歷史、文化的發展軌跡和方向與西方的歷史、文化的發展軌跡和方向甚為不同，所以，與西方歷史、文化背景關聯深切的自由、民主、法治的觀念，到今天對中文世界裏的許多人而言，仍是相當生疏的。基於這項認識，我原先只想就黃柏棋君的紀錄稍稍訂正盡速發表的計劃，必須放棄；我不得不將那份紀錄作大幅度的修訂與擴充。

不過，本文受了文章體裁的束縛，所能論及的自然仍是相當有限（詳切的論析，要靠大部頭的著作才能辦到）。基本上，我藉論析中國自由主義先驅人物胡適先生與殷海光先生在談論容忍與自由時所呈現的歷史的意義與思想的局限性來說明：受儒家思想影響的中國人一向認為道德與思想是政治秩序的基礎。這種看法與西方民主國家以法治為政治秩序的基礎的看法，是根本不同的。進一步地說，雖然儒家文化所主張的政治秩序乃由道德與思想構成的觀念，是中國知識分子使命感所由生的精神與思想資源之一；但，這種觀念，如被僵化地或原教旨式地（fundamentalistically）堅持着，反而會成為建立法治的阻礙。在這個脈絡中，我試圖說明西方自由主義所肯定的容忍、多元、法治的觀念在思想上相當複雜的意義，與在歷史上相當曲折的演化軌跡。我並藉西方純正自由主義所持之社會理論（social theory）說明了為甚麼法治是建立自由與民主的必要基礎。

胡殷關於容忍與自由的言論

本文是從論析胡適先生與殷海光先生關於容忍與自由的言論出發的。在 50 年代底，胡先生有關容忍與自由的討論與殷先生讀後的回應，是中國自由主義發展史上的一件大事。所以，我覺得在"殷海光先生逝世十五周年紀念學術座談會"上提出來討論，有其紀念的意義。然而，更重要的理由是：在中國主張自由民主的人，過去都多多少少受過胡先生或殷先生，或他們兩位共同的影響；因此，我如從論析他們的言論出發，這樣容易使我的論析比較能夠具體一點、切實一點。胡殷兩先生在中國自由主義發展史上，均有歷史性的貢獻；不過，他們的思想也呈現了歷史性的局限。今後如果我們不關心自由與民主在中國的前途則已，如果我們要想在中國促使理性、法治、自由、民主往前推進一步的話，那麼我們就必須突破胡殷兩先生所遺留下來的歷史性的局限。我想這是合乎他們所肯定的，根據自由精神來討論大家關心的問題的方法與態度。

一、殷海光先生的自由精神

主席、各位女士、各位先生、各位朋友：

　　我今天是懷着深切的感激之情來參加這個座談會的。第一，我要感謝主辦機構舉辦這樣一個學術座談會 —— 以學術的立場來談論我們共同關心的問題是與殷海光先生的精神非常符合的。殷先生一生的很多方面，並不能用知識或追求知識的精神來完全涵蓋；但我們不能否認，追求知識的精神，在殷先生的整個生命中佔着一個非常重大的部分。另外，我想拿一點個人的經驗與感情來說明一下為甚麼我是懷着深切的感激之情來參加這個座談會。

　　時光荏苒，先師殷海光先生已逝世 15 個年頭了，而我離開台灣大學也已經 26 年了。在這 26 年當中，影響我最大的精神資源是我在大學時代跟隨殷先生讀書的那一段經驗。殷先生對我個人來講，有身教與言教兩方面的影響。在身教方面，我們做學生的在跟他接觸的時候，深切地感到作為自由主義者的莊嚴和樂趣。雖然我們那時還並不太了解自由主義的深切與複雜的內涵；但，我們跟他接觸的時候，已經呼吸到了真正有生命力的東西。這種有生命力的東西促使我在後來的 26 年當中，繼續謀求發展殷先生所發展出來的一些思想與精神。（此處“發展”並非指謂狹意的“持續”。）在言教方面，殷先生所給我的影響是認真追求知識的態度。這種態度雖然在中國傳統裏面並不是沒有，但它畢竟顯得不夠強烈；殷先生在這方面所表現的精神是相當西式的。由於這種精神的導引，我在堅持殷先生所提示的大方向、大原則的前提之下，近 20 幾年來在論析自由主義的時候，已與殷先生所談的內容有相當的不同，甚至有相當衝突的地方。但是，我覺得這些差異毋寧是秉承先師的自由主義精神的自然發展。

二、對於胡適與殷海光論“容忍與自由”的評析

今天我想與大家共同討論的題目是：“兩種關於如何構成政治秩序的觀念 —— 兼論容忍與自由”。我想從自由主義的觀點來討論一下這個題目所涉及的一些問題。這個題目牽涉的範圍很廣，不可能在限定的時間之內說得周延；所以我想先用一個實例，具體地說明一下。這樣也許比較容易探究問題的核心。

在民國四十八（1959）年 3 月 16 日刊行的《自由中國》第二十卷第六期上，胡適先生發表了一篇很重要的文章：〈容忍與自由〉。後來殷先生緊接着在《自由中國》下面一期發表了一篇回應的文章，題做〈胡適論《容忍與自由》讀後〉。殷先生在

這篇文章中對胡先生的言論，一方面採取了相當尊重的看法；在另一方面，他對胡先生的意見也做了一些推衍與批評性的補充。我們可以從這兩篇文章說理的方式和思想的內容來看一看當時的自由主義者在精神和思想上的承擔與在精神和思想上的負擔。"承擔"指的是他們的使命感：他們在當時的政治環境中為了自由主義的理想，做了他們認為應該做的呼籲。"負擔"是指：他們的思想在經過分析以後，呈現着內在的局限性與內在的困境。

容忍是自由的根本

胡先生的文章相當短。他自述寫本文的緣起道：十七、八年前他在母校康耐爾大學與一位史學家談話的時候，那位史學家跟他說："我年紀愈大，愈覺得容忍比自由更重要。"胡先生接着說，他自己也有"年紀愈大愈覺得容忍比自由還更重要的感想，有時候我竟覺得容忍是一切自由的根本；沒有容忍，就沒有自由。"胡先生又說，他 17 歲的時候，根據《禮記》〈王制〉裏面的"假于鬼神時日卜筮以疑鬼，殺"一條經典，以衛道態度痛責《西遊記》與《封神榜》，因為那時他已是一個無鬼論者、無神論者，為了破除迷信，他毫不容忍地發出那些"狂論"，竟不知〈王制〉中所列的罪名都可以用來摧殘宗教信仰的自由。胡先生說這種年少氣盛的看法實在是很要不得的，因為它不能容忍不同的思想。社會上如果彼此不能容忍不同的意見，社會上便無自由可言了。但，胡先生接着又說："我自己總覺得這個國家、這個社會、這個世界絕大多數是信神的，居然能有這雅量，能容忍我的無神論……我覺得這個國家、這個社會、這個世界對我的容忍態度是可愛的，是可以感激的。所以我自己總覺得我應該用容忍的態度來報答社會對我的容忍。"

　　從這些話來看，我們知道胡先生的基本出發點是着重社會中每個人的態度問題，他所說的容忍與歷代儒家所一再強調的恕道並沒有多大不同。從這種思路推演下去，全文所談的，主要是容忍的態度與自由的關係。胡先生認為，如果大家希望享有自由的話，每個人均應採取兩種態度：在道德方面，大家都應有謙虛的美德，每人都必須持有自己的看法不一定是對的態度；在心理方面，每人都應有開闊的胸襟與兼容並蓄的雅量來寬容與自己不同甚至相反的意見。換句話說，採取了這兩種態度以後，你會容忍我的意見，我也會容忍你的意見，這樣大家便都享有自由了。胡先生此文的主旨，便如上述 [1]。

　　殷先生在言談之中和與朋友、學生的通信中，對胡先生 —— 尤其是胡先生後半生的言論 —— 並不是很尊敬的。雖然他在大方向、大原則方面與胡先生所肯定的，有不少共同之處；但，他認為胡先生的思想比較膚淺。然而，在這篇回應的文章裏，他卻對胡先生表示了相當的敬重，並順着胡先生的思路加以推衍，觸及到了幾項胡先生的文章沒有涵蓋到的地方；不過，他也對胡先生的意見做了一些含有批評性的，必要的增補。我個人覺得殷先生的這篇文章是他比較重要的一篇著作。

1　　請參閱下文。

　　文章一開始，殷先生說，胡先生那篇文章是"一個偉大的文獻"，"是中國人應走的大方向的指南針"。接着他繼續發揮胡先生的看法。他說：假使大家都認為不會錯，我是站在正義的一邊，代表光明的一面，這種心理使人以為真理只有一個，而且"這一個"就在我手裏。這種心理往往會產生一種狂激的情緒。這種狂激的情緒實在是一種古代迫害異教的原動力，在現代是反民主地區之思想迫害以及政治迫害的原動力。他在這裏與胡先生所採取的立場完全一致，他認為這種自認自己了不起的狂激情緒，自認只有自己才對的心理應該盡速予以摒棄。

容忍不可漫無限制

　　殷先生接着說，雖然我們應該容忍別人的不同意見，但我們是不是仍然可以堅持己見呢？他認為這兩者之間並無矛盾；我們一方面應該容忍別人的不同意見，同時我們也可以堅持己見。因為堅持己見是我們基本的權利。不過，這樣子的話，大家的看法可能都不一樣，將來怎麼辦？怎麼能溝通呢？他說，基本上，我們應該訴諸經驗與邏輯。這當然是做為邏輯實證論者的殷先生的基本立場。接着，殷先生提出了一個胡先生未曾注意到的問題。胡先生主要是強調謙虛的美德與開放的胸襟對於社會上個人自由的重要。但，他所主張的這種容忍的態度是否可以適用到每個人的身上，每一個主義的身上呢？換句話說，容忍的態度是否應該有一個限度？殷先生的答覆是：容忍的態度不可漫無限制，應該有一限度。他認為"已構成危害人羣的罪犯行為"的任何人、任何集團與任何主義都不應該加以寬容。殷先生以其一貫的反共立場，認為共產黨與共產主義是無可容忍的。他更進一步，以運作論的觀點，強調應以"主義"的"實際步驟"來做為是否可以對其加以容忍的抉擇標準。他説："一切'主義'在文字方面的異同根本不是重要的事，最關重要的事是實行'主義'的實際步驟，尤其是它所引起的情緒類型和對待異己的反應方式。如果有甲、乙兩種'主義'，二者的招牌不同，'理論體系'不同，但是二者實行的步驟在基本上相同，所引起的情緒類型相同，對待異己的反應方式相同，那麼，從運作的觀點看，二者是異形而同質的，因此二者應該視為同一個'主義'。因為，它們所產生的實際結果，或予人的實際影響是一樣的。在這種情況之下，二種'主義'的名稱不同，'理論體系'不同，對於大多數人是沒有意義的。……只有書呆子，或拜字教的信徒，才會在名詞術語方面來分別這兩種主義，才會因這兩種主義在名詞術語方面不同而真的把二者當作不同的主義。"

　　這一段話似乎隱含着一個預設——認為兩個不同"理論體系"的主義可以產生基本上相同的"實際步驟"。假若殷先生有這樣想法的話，也許他未曾察覺到，這種想法實際上蘊涵着相當強的反知主義的（anti-intellectualistic）色彩。而從嚴格的知識的觀點來看，他對"意締牢結"（ideology）的性質及其影響的了解也顯得相當粗疏。不過，在回應胡適先生的言論的這篇宏文中，殷先生能夠提出這一觀點，實在有其時代的承擔與尖銳性；它同時也反映了 25 年前一個中國自由主義者的苦悶。

殷海光對胡適文章提出的意見

最後，殷先生提出了幾點對胡文含有批評性的增補意見。殷先生的意見是以濃縮的方式表達的，但言簡意賅，蘊含的意義很豐富。他的意見涵蓋着兩個問題。第一個問題是："容忍的態度是否能夠很容易在每個人的道德意識與心理中產生？"對於這個問題，他的答案是否定的，他認為容忍的態度並不容易在每個人的道德意識與心理中產生。那麼，第二個問題便很自然地在這個脈絡中出現了："容忍產生的難易，是否與容忍者所處的環境有很大的關係？"換句話說，除了呼籲每個人在道德的意識上都需有謙虛的美德，在心理的態度上都需有開闊的胸襟與兼容並蓄的雅量，與除了描繪一個大家如能彼此容忍，社會上便有個人自由的美好遠景以外；落實地說，每個人是否能夠很容易養成容忍的意識與態度？不同的政治環境是否對養成容忍的意識與態度會產生很大的影響？關於這些問題，殷先生的意見是：

> 同樣是容忍，要求別人對自己容忍易，要求自己對別人容忍卻難。同樣是容忍，無權無勢的人易，有權有勢的人難，容忍是屬於"自我訓練"（self-discipline）一類的行為。當無權無勢的人面對權勢時，他受到種種限制和壓力。這種限制和壓力使得他不能不調整自己底言論或行動之角度用以適應求存，或達到某一目標。所以，無權無勢的人較易對人容忍。阿克頓爵士（Lord Acton）

說："權力使人腐潰，絕對的權力絕對地使人腐潰。"歷代暴君底行為就是顯明的例子。當着沒有外力抑制而猶能自律，這只有最高"心性修養"的人才辦得到。在通常的情況之下，一般人是當有外力抑制時，他就收歛些；當外力不存在時，他就放肆些。平凡的人總是多些。有權有勢的人在"心性修養"方面似乎更屬平凡。有權有勢的人頤指氣使慣了，他言欲為無窮則，行欲為後世法，到了現代更變為"主義"等類"絕對真理"的化身。要這類人士學習容忍，真比纜繩穿過針孔更難。

　　殷先生這一番話，很犀利地指出了胡適先生論述容忍與自由的言論的癥結所在。在形式層次上，胡先生的看法當然是對的。如果大家在社會上都能容忍不同與相反的意見，那麼，每個人便都能享有個人的自由。這是很淺顯的道理。其實，從社會中的人際關係的角度來看，容忍不過是自由的異語同義字而已（從別的角度來看，當然不是如此，但從社會中的人際關係來看卻是如此），那麼，認為社會上有了容忍，個人便有自由，這種說法當然是對的了。但，在實質層次上，問題卻不是這麼簡單。基本上，胡先生的看法牽涉到兩層困難。第一，對一般人而言，容忍並不是能夠很容易做到的（"同樣是容忍，要求別人對自己容忍易，要求自己對別人容忍卻難"）。因此，在形式層次上說些"如果大家在社會上都能容忍不同與相反的意見，每個人便就都能享有個人的自由"── 便難免不是空話了。換言之，如何使社會變成容忍的社會，首要之務是如何對付與限制社會上政治權力的問題，而不是在形式層次上反覆申明大家一見便知、一見便能同意的異語同義的意見。

第二，從個人內心的修養來談如何建立容忍的社會——由社會成員內在的自覺來訓練自己產生容忍的道德與心態——無可避免地，要面臨一個無法由自身資源加以解決的矛盾與困境。因為這種方式，一方面是精英性的，但另一方面卻必須假定它是普遍性的。事實上，由個人內心的修養達到胡先生所指謂的容忍的心靈，是只有少數人才能做到的事。用殷先生的話來說："當着沒有外力抑制而猶能自律，這只有最高'心性修養'的人才辦得到。"然而，胡先生的言論卻必須先假定這件事並不是只有少數精英才能做到，而是每個人都同樣地能夠做到——這樣，他的話才有意義；否則，少數有"心性修養"成就的人能夠容忍大多數的人，但大多數的人並不能容忍這些少數人，也不能彼此容忍；那麼，社會上自然沒有甚麼個人自由可言了。尤有進者，胡先生的論點，既然必須先假定每個人都同樣地能夠在道德與心理狀況中產生容忍；那麼，他也必須假定有權有勢的人也能產生同樣的容忍。但，我們知道，這種假定，從阿克頓爵士的觀點來看，一定是要落空的。[2]

然而，為甚麼胡先生的論點會如此浮泛呢？從我個人研究"胡適思想"的觀點來看，其主要原因是由於他未能深切地、批評地省察，影響他至深且鉅的儒家思想的分析範疇（categories of analysis）——亦即儒家思想的思想模式（mode

---

[2] 關於胡適先生對於殷海光先生的評論的答覆，請參閱下文的分析。

of thinking）—— 的緣故。換言之，他深受儒家思想的分析範疇的影響，以致視其為當然；因此他未能察覺到，在中國推行自由主義的時候，這些分析範疇所帶來的困擾與阻礙。

儒家對政治的看法

雖然儒家在歷史的發展中產生了許多派別，它們之間也有許多爭執，但，基本上，儒家思想中的各家各派對於政治的看法是一致的。這種看法可以孔子所謂 "政者正也" 這句話做為表徵。對於社會中政治權力的現象，它們只想用道德力量加以化解與提昇 —— 所謂 "內聖外王"，那是各派儒家的共同理想。同時，它們又假定政治權力是的確能夠道德化的，所以握有政治權力的人又有教化百姓的責任。在化解不了政治權力所產生的各種問題的時候，則只有對之加以譴責。因此，政治之為政治，無法在中國思想中產生中性的獨立範疇。

但從西方自由主義的觀點來看，任何社會，只要它是一個社會，就會無可避免地產生政治權力的現象，而這種現象，在社會上不可能化約成為別的東西。社會中的許多事，必須靠政治權力的使用才能達成；所以，在一個特定的意義上，它是中性 —— 對社會而言，可能產生好的效果，也可能產生壞的效果，所以不應該不分青紅皂白，就對之加以譴責。如何在社會上使它適當地得以運用而不自我擴張與腐化，則需靠有效的制度的建立（如三權分立，法律對言論自由［包括新聞自由］的保障等）。這樣，有政治權力的人無法任意使用他的權力，而它的使用也被限制在一特定範圍之內了。儒家思想卻不採此種觀點。因為政治道德化的理想在儒家思想中被認為是一個必可達成的理想（之所以如此，與傳統的儒者認為堯、舜的聖王之治是確實發生過的"歷史事實"，關係很大），所以儒家無法承認在社會上，政治只能是政治——必有其獨立的範疇；同時儒家也因此沒有運用制度對最高政治權力加以制衡的觀念。[3]（從自由主義的觀點來看，儒家思想中"修身"與"治國平天下"之間的緊張性（tension）是很有限的，這主要是因為由"內聖"臻於"外王"的理想，在傳統中國從未被突破的緣故。[4]中國官僚體制中，當然有許多"制衡"的設施，如後來發展成的地方官三年輪調制度，與不准在原籍任官的規定等等。這些設施主要是為了保障皇權，防範地方官與地方勢力的勾結、坐大而建立的。就制度來講，它們反而幫助了皇權的穩定與持續。當然，皇權受了傳統中國的社會

3　如要特別仔細，這一說法應稍加限定。唐初宰相制度（政事堂）有"議"君的權力，而這個制度的理念也蘊涵了君子有四"不可"。（李華的〈中書政事堂記〉曰："政事堂者，君不可以枉道於天，返道於地，覆道於社稷，無道於黎元。〔按："黎元"指人民，此處當是避太宗之諱。〕此堂得以議之。"）另外，諫官，如魏徵，對君主犯顏直諫，也可能對君權產生一些道德的約束力。然而，"政事堂"的光輝為時極暫，對後世絕對的君權及其觀念並沒有發生多大影響；再就諫官的功能來說，天子不但可以對他的諫言不予理會，而且尚可對其治罪。概括而言，儒家傳統並沒有發展出來一套系統化運用制度對於最高政治權力加以制衡的觀念，殆為不爭的事實。關於這方面的史實及其涵義，暢達而允當的討論見余英時，〈君尊臣卑下的君權與相權〉，《歷史與思想》（台北：聯經，民國六十五年（1976）），頁 47-75。

4　關於"內聖外王"觀念的烏托邦性質與運作的實際困難，參閱陳若水，〈"內聖外王"觀念的原始糾結與儒家政治思想的根本疑難〉，《史學評論》第 3 期（民國七十年（1981）4 月），頁 79-116，及〈追求完美的夢——儒家政治思想的烏托邦性格〉，《中國文化新論——思想篇一——理想與現實》（劉岱總主編，黃俊傑主編）（台北：聯經，民國七十一年（1982）），頁 211-242。

結構與文化的牽制，並沒有辦法無限制地擴張；但，那是另一問題。傳統中國沒有運用制度對皇權加以制衡的觀念，殆為不爭的事實。）職是之故，當一個儒者看到了政治腐化的現象，他設法使之改善的資源是很有限的。他只能繼續訴諸他所肯定的，政治人物的人性中自覺的力量，希望他們能夠利用自覺，得到思想與道德的改造；這樣，政治人物的氣質變化了，自然就不會濫用權力了。事實上，這種不從外在的制度上加以規範，而要求政治人物從內在的心靈上自我改造以致使政治終究要變成道德的辦法，是一極為不容易 —— 幾乎不可能 —— 實現的，一廂情願的空想。但，深受儒家思想範疇影響的人，卻無法認清它底烏托邦的性質。這種把"理想"當作"事實"的混淆所產生的唐吉訶德式的想法，在胡適先生身上，使他毫不困惑地假定，他在形式層次上，對容忍與自由之間的理想關係所做的說明，是有實質的有效性的。換句話說，他因深受儒家思想範疇的影響以致無法分辨政治思想中形式思維與實質思維的不同。

儒家秀異式（elitist）的政治思想

另外，儒家政治思想基本上是秀異式（elitist）的，所謂"民，可使由之；不可使知之"，[5] "勞心者治人，勞力者治於

5　受了西方思想衝擊的影響，有的注釋家曾想盡辦法把孔子在這章裏的意思附會成為一項與西方民主的觀念沒有任何衝突的意見。事實上，中國在傳統中壓根兒就從來沒有民主思想，雖然有民本思想。關於此點，請參閱拙著《思想與人物》（台北：聯經，民國七十二（1983）年）內的兩文：〈民主自由與中國的創造轉化〉，頁 277-292，與〈論民主與法治的關係〉，頁 423-435。

人"。但它的秀異性卻被"性善"觀念所蘊涵的普遍性的信念淡化，以致秀異性思想與普遍性思想之間的矛盾無法彰顯出來。受儒家的思想範疇影響很深的人，動輒認為由普遍性的"性善"觀念所衍發出來的"人皆可以為堯舜"的信念，為一確可實現的將來境況。這個想法與儒家思想的另一分析範疇——"藉思想、文化以解決問題的方法"[6]相匯合，自然使受其影響的人覺得每個人，只要動員內在的道德與理知資源，便可獲致道德的與思想的重建，或道德的與思想的革新。（因時代與環境的不同而有不同的意願，但達成不同意願的基本資源則被認為是相同的。）這樣想法自然也強化了儒家思想中烏托邦的性質。但，受其影響的人，卻不認為他們的想法是空泛的；他們深信他們的想法是實際可行的。這些想法反映在胡適先生的頭腦中，很可能使他不自覺地以為，只要他把他的觀點說清楚了，它們便有實現的可能。他也許因此忽略了在形式層次上清楚的展示及在形式層次上取得大家的贊同，與在實質層次上的實現，是還有一大段距離的，甚至關係遠到不相干的地步！他或因此連形式層次與實質層次的分際都未能看清！

　　根據由高度的道德關懷所導致的道德想像力，殷先生在他的宏文的結尾，隱涵地指出了胡適論點的浮泛。但，他只能指出胡文論點的浮泛；自己，除了站在老百姓的立場發出正義的

6　"藉思想、文化以解決問題的方法"預設思想與文化的變遷必須優先於社會、政治、經濟的變遷，反之則非是。換句話說，它認為人間最根本的變遷是思想本身的變遷，而所謂最根本的變遷，是指這種變遷是其他文化、社會、政治、與經濟的變遷的來源。關於這方面的分析，請參閱前引拙著頁 139-196：〈五四時代的激烈反傳統思想與中國自由主義的前途〉。

吼聲以外，卻也拿不出具體的辦法來超脫胡先生的困境。殷先
生說：

> 適之先生是歷史大家。他一定知道，就咱們中國而
> 論，自古至今，容忍的總是老百姓，被容忍的總是統治
> 者。所以，我們依據經驗事實，認為適之先生要提倡容
> 忍的話，還是多多向這類人士說法。

　　殷先生這一段話，顯然與前面他批評胡先生的話發生矛
盾了。因為，既然他認為"容忍是屬於自我訓練一類的行為"，
"當着沒有外力抑制而猶能自律，這只有最高'心性修養'的人
才辦得到"，而且他又贊同阿克頓爵士的名言，以為"權力使人
腐潰，絕對的權力使人絕對地腐潰"，那麼，要求胡先生向那
些多已被權力腐潰，"在'心性修養'方面似乎更屬平凡"的有
權有勢的統治者"多多說法"，不也是一句空話嗎？
　　換句話說，殷先生既然認為那套依靠理性的說服力去喚醒
人們內在的自覺，相信由他們內在的精神與理知的自覺便可導
致道德上的與心理上的容忍的說法，是很難奏效的；那麼，他
的思路在此已逼出以外在的法治的制度來限制與疏導政治權力
的觀點了。然而，中國在當時卻沒有甚麼實際的資源來導致法
治制度的建立。雖然殷先生已明確地指出了胡先生論點的不足
之處；但，他自己卻也只能站在不放棄中國自由主義的理想的
前提下，在形式的層次上，以運用知識分子自身的本領（理性
的說服力）的立場，繼續呼籲——呼籲胡先生要多多向有權有

勢的統治者説法。如此，殷先生所做的這樣的呼籲與他在實質
層次上所做的分析便無可避免地產生矛盾了。[7]

三、上一代自由主義者源自中國的傳統性思想
資源 (與限制)

從以上對於兩位中國自由主義前驅人物有關容忍與自由的
言論的分析，我們很沉痛地看到了中國自由主義的發展在當時
的困境。無論胡、殷兩先生對他們的困境是否有清楚的自覺，

7　殷先生一生有關闡揚自由主義的言論，主要是着重在對於自由與民主的意義及效用
的説明。他對在西方歷史中，自由及民主的發展與法治之間的密切關係，則較少關
注。雖然有時他也提到法治的重要，但在他的著作中則較少論及法治的確切內涵，
與法治是自由與民主的基礎─沒有法治便沒有自由也沒有民主─這項自由主義的關
鍵要點。例如，在〈言論自由的認識及其基本條件〉《殷海光選集》第 1 卷（香港：
友聯出版社，1971），頁 141-144）一文中，他並沒有特別指明法治是言論自由的基
本條件。他所指謂的"基本條件"乃是構成言論自由的基本態度。在〈治亂的關鍵〉
（前引書，頁 171-187）一文中，他指出了民主憲政的重要性；但他所着重的，也仍
然是對於實行民主憲政以後美好遠景的描繪；至於**如何**在中國的環境中達成法治的
建立，**如何**使民主憲政落實等具體問題，則並未論及。在他迻譯哈耶克先生的《到
奴役之路》第六章"法治底要旨"時，他在"譯者的話"中所陳述的意見，則顯露了
他對法治的了解是相當混淆的。見殷海光譯，《到奴役之路》（台北：文星書店，民
國五十四年（1965）），頁 89-91。在殷先生的那個時代，許多人（包括不少知識分
子與政治人物）連"自由不是放縱"，"自由與責任密不可分"這些基本常識都沒有，
作為中國自由主義的前驅人物，殷先生面對的迫切問題是向讀者解釋甚麼是自由？
甚麼**是**民主？至於**如何實現**自由？**如何實現**民主？這些問題當時尚無暇顧及。換句
話説，許多人連甚麼是自由主義都弄不清，當時自然還談不到如何實現自由主義的
問題。殷先生的貢獻，是以他帶有道德熱情與道德勇氣的健筆，對於自由與民主的
意義及效用的苦口婆心的反覆説明；在 50 年代與 60 年代，中國自由主義的理想之
所以還能維持不墜，主要是由於他與他的朋友們不懈的奮鬥。今天我們從關心如何
實現自由主義的觀點來看，他的言論自然有其不足之處。這是不必為賢者諱的。殷
先生在他的一生，已竭盡所能，利用他底理知與道德資源，做出了他所能做出的貢
獻。我們今天以虔敬之心紀念他的貢獻之餘，應該認清他的思想的性質，這樣或可
隨着時代的演進來面對中國自由主義的下一個課題。我想這是一項符合自由主義精
神的紀念殷海光先生的方式。

他們為自由的理想所做的呼籲是在客觀環境不利於自由主義發
展的時代裏，維繫自由的理想於不墜的原因之一。然而，他們
在外在資源（法治的制度以及社會與經濟條件）不足的情況下，
之所以能夠持續堅持自由主義的理想，這絕不是因為他們覺得
除了堅持自由主義的理想以外，別無其他可做之事的緣故。更
重要的動力是他們（無論是自覺地或不自覺地）好歹承繼了，
如前所述，一項儒家傳統的價值觀與分析範疇。這種價值觀與
分析範疇，從客觀的觀點來看，使他們陷入了上節所論析的困
境；但，它們卻也使他們主觀地認為：為自由主義的理想呼
籲、請命，有其積極的意義；所以他們主觀地並不認為堅持自
由主義的理想，只有消極的形式意義。

道德與理知資源能產生政治秩序

　　從他們承繼的儒家觀點出發，政治秩序的基礎是道德與思
想；而政治活動的秩序，是要靠道德與理知成就高的人出來擔
任政治領袖來建立的。雖然其他人的道德與理知能力並未臻於
做政治領袖的地步，他們卻可根據自身的能力來認識：以道德
與理知的資質做為政治領導力量的合理性。儒家思想認為道
德與理知的資質是具有“奇理斯瑪”（charisma）的特性的 ——
它們能夠產生政治秩序。這種思想的起源可追溯到周初的“天
命”的觀念。受到這種價值觀與分析範疇影響的知識分子，自
然覺得 —— 他們作為知識與道德領域之內的精英 —— 負有責
無旁貸的政治與社會責任：他們必須運用他們底知識與道德的

資源在社會中建立政治秩序。他們之中的一些人，既然發現自由主義所界定的政治秩序是最為合理的一種政治秩序，所以他們認為應該運用他們的道德與理知的能力來闡揚自由主義的合理性。在這種深受儒家的價值觀與分析範疇影響的氛圍中，我們很容易理解：他們為甚麼會在主觀上認為，利用知識分子本身的資源為自由、民主呼籲、請命是有積極意義的。總之，他們之所以鼓吹自由主義，是因為他們的思想內容已有重大的改變，但他們推動自由主義的**方式**卻反映了中國傳統的重大影響。另外，他們在接受西方自由主義所堅持的人的道德自主性（人是目的，不是手段）這一點上，也頗反映了儒家"仁的哲學"對他們的影響。他們發現"仁的哲學"所蘊涵的道德自主性，在自由的社會中最有實踐的可能。

四、西方自由主義並不是單線式思想建構的結果

與胡、殷兩先生希望利用理性的說服力與道德的感召力來推行自由主義的方式迥然相異，西方自由主義的發展是一複雜的演變過程 —— 在這演變過程中，許多後來有助於自由主義實現的制度與思想，在當初出現的時候，並沒有促進自由主義發展的意圖。概括地說，自由主義的思想運動是興起於許多有利於自由之建立的制度之後的。（有些制度，只在建立之後演變出來了有利於自由的後果，當初並無有利於自由的意圖。）當然，自由主義的思想運動興起以後也的確促進了自由制度進一步更健全的發展；但西方歷史很明顯地告訴我們，許多自由制度的

根源與近代的自由思想並沒有直接的關係。另外，近代西方自由思想的一部分基礎（如多元的觀念），也從非自由傳統的思想中獲得了相當重要的資源。從上面這一簡略的陳述，我們已可知道，西方的自由主義不是單線式的思想運動所建立起來的；雖然自由思想運動在客觀有利條件出現以後，看到了自由制度的好處，於宣揚與說明自由制度應該更健康地發展的時候，也對自由主義的理想的某種程度的實現做出了貢獻。所以，我們必須認清西方自由主義是一歷史演變的結果，而不是一個單線式的思想建構的結果。

五、從洛克論"容忍"看胡適與殷海光的"容忍與自由"的論點所呈現的困境

下面我想用兩個例子說明一下我的論點。我想對西方自由主義中的容忍觀念與多元觀念的來源做一些說明。這樣一方面可以具體地解釋一下上述的論點，另一方面也可以說明一下，與儒家所持有的如何形成政治秩序的觀念基本不同的，另一種觀念。

洛克的容忍觀念

提到容忍的觀念，有關這方面的經典著作，首推洛克（John Locke）在 1685 年用拉丁文撰寫的《論容忍的一封信》。這篇文字是洛克在荷蘭流亡期間用寫信的方式，寫給他在荷蘭

的至友 Philip van Limborch 的。最初於 1689 年在荷蘭印行，同年倫敦有了英譯本，後來又有各種英譯本。目前最好的譯本是 J.W. Gough 譯的附有拉丁文原文的本子（Oxford University Press, 1968）。後來，洛克為了辯護他的立場，又寫過兩封信。不過，他主要的論點都收在第一封信裏。

洛克所主張的容忍是指宗教上的容忍。西方在宗教改革以後，出現了許多彼此信仰方式不同的教派。這些教派都強調自己的信仰方式才是真正合乎上帝意旨的，別的教派是邪教異端，應該予以鏟除。後來一些新教派與政治上的統治者發生了密切的關係，受其保護，以致挾政治力量去迫害被視為異端的教派的事便時有所聞。洛克認為這種宗教的迫害，不但違反基督徒以愛為出發點的處世行事之道，而且本身也毫無意義可言。他主張各個教派彼此應該容忍。其主要的論點是要求各個教派接受既定的事實。西方歷史演變至十七世紀，與洛克的論點有關的既定事實主要有兩項：（一）政教分離；（二）不同教派的風起雲湧。洛克認為政教分離的原則必須遵守。政教分離的觀念與制度在西方乃是根據精神世界與凡俗世界被認為是絕對不同的兩個範疇的觀念而建立的。行使國家（the State）的權威的政府，是管理人民外在的世俗事務的機構。（人民外在世俗事務包括生命、財產的保障，與對外防禦敵人侵略的國防設施等。）換言之，政府的意義與功能在於維持社會生活所需要的外在秩序。但政府卻不應也不能管理人民內在的信仰。人民內在的精神生活則是受秉承上帝意旨的教會所指導。所以，外在的秩序與內在的精神範疇不能相互逾越。如果一羣人在

精神世界的範疇之中，志願地組織起來，根據他們的信仰，奉
行他們認為應該奉行的宗教儀式與生活方式，這種儀式與生活
方式，只要不影響到社會的安寧，是應該受到別的教派的容忍
的。因為一個人在精神範疇之內如何信其所信，只能根據自己
內心的想法與感受為之。正如洛克所説："沒有任何人能夠接
受別人的指令去相信自己的信仰，即使他要如此做，也是不可
能的。"[8] 因為如果你內心不信某一信仰，無論別人如何迫使你
信，你仍是不會在心裏面真信的。即使你為了不被迫害，在表
面上佯裝着信了；事實上，在內心深處你仍是不信的。如果一
個教派藉着政治力量去強迫別的教派裏的人放棄他們的信仰方
式，去強迫別的教派裏的人信這一教派的信仰，這樣做不但破
壞了政教分離的基本原則，而且是注定沒有任何效果可言的。
信仰的事屬於內在的精神範疇，只能自己在心中心悦誠服地相
信才成。

　　總之，洛克的基本論式是順着許多人都承認的既定的事實
（政教分離的原則與制度，以及不同教派的風起雲湧）加以推衍，
求其合理的含意，然後從闡述其含意的立場來説明容忍的必要
性。我們從他為容忍所做的辯解清楚地知道，他不是只靠知識
分子自身的資源來為他的理想呼籲、請命的。在這裏他不是運
用理性的能力在"無"中創造出"有"來，而是用理性的能力疏
導已成的事實 —— 換句話說，在歐洲中古以來演變出來的政

8　John Locke, *A Letter on Toleration*, tr., J.W. Gough（Oxford University Press, 1968）, pp.67.

教分離的原則與制度的背景之下，容忍的觀念及其實踐，事實上，是教派林立，互不容忍的事實促成的。

胡、殷兩先生與洛克的分歧

根據以上的論述，我們也可以對胡、殷兩先生在他們的文章中共同呈現的一個使人困惑的地方，加以解釋了。他們兩位都曾提到歐洲歷史中宗教迫害的事實，更特別指出喀爾文（John Calvin）把一位獨立思想者塞維圖斯（Michael Servetus）活活燒死的事。當時喀爾文居然說："嚴厲懲治邪說者的權威是無可疑的，因為這就是上帝自己說話。……這工作是為上帝的光榮戰鬥。"反觀我們中國的歷史，雖然宗教迫害的事不能說沒有，但比起歐洲與美國清教徒時代宗教迫害的慘烈，中國毋寧早已是一個甚為容忍的國度。既然如此；那麼，為甚麼歐洲與美國反而產生了自由，而我們卻沒有胡、殷兩先生所呼籲的自由呢？（其實，我們社會上一向頗有人情之下的"容忍"，但卻沒有多少法治保障的、自由主義意義之下的容忍與自由。胡、殷兩先生所指謂的是這種自由主義意義之下的容忍與自由。）

對於這個問題，我們是無法根據胡先生所使用的，以及殷先生在他的文末要求胡先生向統治者"多多說法"所顯示的，"藉思想、文化以解決問題的方法"來解答的。因為如果應用胡、殷兩先生所使用的理路去思考與解答這問題，我們只能說，西方之所以後來能夠產生容忍與自由，主要是因為西方思想家，鑒於宗教迫害的慘烈，亟思消弭這種不合理的事情，他們運用理性說服大眾，使大家知道了彼此容忍的自由生活才是合理、合乎人道的生活。由於大眾接受了他們的啟蒙，便努力做到彼此容忍，以致共同享有了自由的生活。但，問題是：受宗教狂熱所驅使的激情人物是極不理性的，最聽不進理性的話語。歐洲與美國當時有那麼多極不理性的人，他們如何能被理性說服呢？我們從歷史中知道，理性的說服力所能發揮的作用是很有限的。理性的說服力只能在有利的歷史條件之下，因勢利導；它本身並不能創造歷史。我們中國人深受傳統的"藉思想、文化以解決問題的方法"的影響，往往以為思想的改變是一切改變的泉源。其實，事情並不是這樣的。洛克，並不是像胡先生那樣說，有了容忍就有自由，有了自由，大家的生活就會多好多好；希望藉着闡揚容忍與自由的合理性來說服大家。洛克是根據已有的政教分離的原則與在演進中的政教分離的制度，說：迫害是無用的。這是根據原有的歷史條件，用理性的論證來因勢利導有利於容忍與自由的歷史條件。

六、馬基維利為西方自由主義提供的思想資源

其次，我想用一具體的實例，談談自由主義所主張的多元觀念的來由。這樣我們可以看一看西方自由主義思想非單線式的發展——從非自由傳統的思想中獲得的資源。我們都知道歐洲文藝復興時代的馬基維利 (Niccolò Machiavelli) 是主張在世俗的世界中從事政治活動的時候，有時為了達成目的，需要不擇手段。他的這種看法是與自由主義有基本衝突的。然而，根

據伯林爵士 (Sir Isaiah Berlin) 的研究，[9]馬基維利的言論卻為多元的價值觀念建立了一個思想的基礎。（當然，還有其他的思想基礎。）此種後果並非馬基維利始料所及，也不是他所贊同的。馬基維利的思想，基本上，是要重振古羅馬的公民精神。做為文藝復興時代的人文主義者，他認為伯里克利斯 (Pericles) 時代的雅典與古羅馬共和時代是人生理想的最高境界。這種人生所肯定的價值是：與城邦政治所形成的羣體生活有關的道德（勇敢，在橫逆中的堅強，為完成公共事務而效力，公共範疇之內的秩序，以及個人在羣體生活中所應有的自我肯定與完成這些肯定所需要的知識與力量）。這些非基督教的價值與基督教的價值是不能相容的。基督教所肯定的價值則是：仁慈、憐憫、敬愛上帝、對敵人的原宥、對人在現世所追逐的事務的厭惡、相信個人靈魂得救後的永生是至高無上的價值。對馬基維利而言，無論基督教所肯定的價值本身是否有意義，那些價值只能為他所希望建立的社會造成障礙；而他認為他所希望建立的社會是能夠滿足個人的慾望與利益的。在價值範疇之內，馬基維利自己雖然仍是一個一元論者（他認為他肯定的價值才是真正的價值）；但在西方思想史上，他對歐洲中古以來所奉行的基督所肯定的價值的挑戰，卻帶給西方連他自己也未能預料到的後果：由兩種價值之不能相容的認識，到兩種價值因彼此不能戰勝或涵蓋對方而不得不並存的境況，到價值多元的肯定。

9　下文論析馬基維利的思想，主要是根據 Isaiah Berlin, "The Originality of Machiavelli", in his *Against the Current* (N.Y.: Penguin Books, 1982), pp 25-79。

處理政治事務需要相互調適與妥協

過去大家都認為真正美好的價值一定是可以彼此相容的。那麼，尋求一個適合每一個人的理想的、統一的價值系統，是被假定可以經由理性的運作而獲致的。然而在馬基維利重新肯定古羅馬共和時代的人文價值以後，大家知道這一套非基督教的價值與基督教的價值都有客觀的意義，但我們卻無法用理性來衡量孰優孰劣。在這種情況下，對於個人而言，如果他同時肯定了這兩類價值，他就無可避免地處在兩難情況之中，有時需做痛苦的抉擇；對於社會生活而言，在同一社會中，持有不同價值的人就必須學習彼此容忍、共處之道。而持有不同理想的人，在實際層面處理政治事務的時候，則必須學習相互調適與妥協，因為這是對於社會上價值衝突的現象有所了解以後，唯一的以理性的態度解決政治事務的辦法。連帶地，我們也因此認清了政治事務的有限性（政治事務無論做得多好，不可能為每一個人完成他的一切理想）。

以上是從西方一部分非自由主義思想對價值多元論的歷史性貢獻來說明容忍與自由在西方的脈絡中是如何被肯定的。我們知道，這種肯定主要並不是來自思想家為容忍與自由所做的呼籲與要求；這種肯定並不是由於大家聽到了思想界的領袖人物說，容忍多好、多重要，覺得這些話有道理，遂信服了這些話的結果。換言之，這種肯定並不是源自思想家的道德與理智的意圖。

七、自由的社會理論所辨解的容忍與自由

下面我擬再從西方自由主義傳統中的社會理論，說明一下容忍與自由是如何被肯定的。基本上，自由主義當然是以肯定個人的尊嚴為出發點，在這方面，康德的理論最為深刻。但，如只從價值理論出發，它很難產生廣大的影響。自由主義同時必須提供一個實效理論，以便說明尊重個人自由的社會會帶給個人、社會，以及整個文明那些裨益。上承洛克、亞當・斯密、佛格森（Adam Ferguson）、休謨，與康德的觀點，在二十世紀以社會理論闡揚自由主義真諦的大家，當推博蘭尼（Michael Polanyi）與哈耶克。他們的理論主要是建立在法治（the rule of law）的觀念之上的，而其最重要的關鍵則是**自由產生秩序**的洞見。（這與許多中國人以為自由只能帶來混亂的看法恰好整個相反。）我在這裏要徵引一段，在別處曾經引用過的，哈耶克先生的話來做一點簡要的說明（哈氏在文中亦曾徵引了一段博蘭尼先生的話）：

> "人們的社會行為的秩序性呈現在下列的事實之中：一個人之所以能夠完成他在他的計劃中所要完成的事，主要在於他的行動的每一階段能夠預期與他處在同一社會的其他人士在他們做他們所要做的事的過程中，對他提供他所需要的各項服務。從這件事實中，我們很容易看出社會中有一個恆常的秩序。如果這個秩序不存在的話，日常生活中的基本需求便不

能得到滿足。這個秩序不是由服從指令產生的；因為社會成員在這個秩序中只是根據自己的意思，就所處的環境調適自己的行為。基本上，社會秩序是由個人行為需要依靠與自己有關的別人的行為能夠產生預期的結果而形成的。換句話說，每個人都能運用自己的知識，在普遍與沒有具體目的的社會規則之內，做自己要做的事，這樣每個人都可深具信心地知道自己的行為將獲得別人提供的必要的服務，社會秩序就這樣地產生了。這種秩序可稱之謂：自動自發的秩序（spontaneous order），因為它絕不是中樞意志的指導或命令所能建立的。這種秩序的興起，來自多種因素的相互適應，相互配合，與它們對涉及它們底事務的即時反應，這不是任何一個人或一組人所能掌握的繁複現象。這種自動自發的秩序便是博蘭尼所謂的：‘多元中心的秩序（polycentric order）’。博氏說：‘當人們在只服從公平的與適用社會一切人士的法律的情況下，根據自己自發的意圖彼此交互作用而產生的秩序，可稱之謂自動自發的秩序。因此，我們可以說每個人在做自己要做的事的時候，彼此產生了協調，這種自發式的協調所產生的秩序，足以證明自由有利於公眾。這種個人的行為，可稱之謂自由的行為，因為它不是上司或公共權威（public authority）所決定的。個人所需服從的，是法治之下的法律，這種法律應是

無私的，普遍地有效的。'" [10]

法治與自由社會的關係

從上面徵引的海博兩氏嚴謹的分析中，我們清楚地知道，自由的（多元的）社會（個人在社會中享有自由的社會）的最主要的基石是：法治。易言之，**沒有法治的社會不可能是自由的社會**。自由的社會是一個最有秩序、最能利用知識，與最尊重人的尊嚴的社會。因此，自由的社會是最有生機、最少浪費、與最有組織的社會。要建立這樣的一個社會，首要之務是建立一套法治的制度。法治並不是指法律愈多或愈有效率，便愈好。也不是指那些根據政治的需要所制定的法律的執行。真正的法治是指謂一種特別的法律秩序的建立與在這個秩序之內的法律的執行。法治最根本的要義是：憲法做主導的法律高於政治的運作；一切政治運作必須在法律之下進行；否則法院有實權予以制裁。法治之下的法律必須是公平的（能夠應用到每一個人身上的）與沒有具體目的的（不為任何利益團體服務的）。法治之下的司法機構不但有權審理與裁定人民行為是否違法，

---

10   F.A. Hayek, *The Constitution of Liberty*（University of Chicago Press, 1960），pp.159-160.
　　哈氏所引用的博蘭尼先生的話，見 Michael Polanyi, *The Logic of Liberty*（London, 1951），pp.159。
　　在西方的知識界，自 70 年代中期以來，左傾思想逐漸式微；同時，哈耶克的自由主義則又重新受到關注，研究他底思想的著作也開始多了起來。不過，這許多著作的素質並不整齊。最新而同時也是比較深入的一本是：John Gray, *Hayek on Liberty*（Oxford: Basil Blackwell, 1984）。

而且有權審理與裁定行政與立法機構的政策及其執行的情況是否違法。總之，法治會給社會裏的每一個人帶來一個公平的與沒有具體目的的行為框架。人們在這個框架中，可以根據自己的意願做自己要做的事，不會受到別人的干擾，卻會得到別人在根據他們的意願做他們要做的事的過程中提供給他所需要的服務。因此，康德說：“個人是自由的，如果他只服從法律而不服從任何人。”（當然，在實際情況中，任何法治框架都不可能十全十美；但，在愈趨近完美的法治架構中生活的人，便愈能享有個人的自由。）

　　在法治所形成的自由秩序中，每個正常的人知道守法是自利的，不守法是對自己不利的，所以每個正常的人都很自然地享有了自由。在這個脈絡中，個人自由來自社會的*秩序*，是與容忍的*態度*不相干的。（請注意，我只是說，在這個脈絡中容忍的態度與社會上個人的自由並不相干。）因為每個人都須守法，而且都相當願意守法（這樣對自己有利），即使心裏不喜歡某人的行為，不想容忍他，但只要他的行為沒有逾越法律的範圍，也只好對之迴避或漠視了。換言之，在法治框架所形成的自由秩序之內，即使一個人對另外一個人或一組人存有相當不容忍的態度，但結果仍然產生了對之容忍的事實。

社會秩序也需要經濟、道德與文化秩序

　　當然，社會的秩序與社會的凝結，不能只靠法治來維持，它也需要經濟的穩定和發展，與相當完整的道德與文化的傳

統。在一個自由、多元的社會中,每個人根據自己的意願做自己想做的事的時候,必須有一個不加懷疑的、支持自由價值的道德與文化秩序做為背景;同時也需要一個相當穩定的經濟秩序做為背景。我在這裏所強調的則是:社會中個人的自由與人際之間的容忍不是思想或態度*直接*造成的結果。

八、兩種關於如何形成政治秩序的觀念

綜上所述,我們很清楚地知道,關於政治秩序是如何形成的問題,是有兩種基本不同的看法的。

首先,甚麼是政治秩序?政治是管理眾人的公共事務。在管理眾人的時候,自然需要運用權威與權力。那麼,如何運用權威與權力,以及權威與權力在甚麼情況之下才能運用得合理、正當等等問題自然發生了。政治秩序指謂:公共事務由於權威與權力得以合理、正當與順遂地運用而呈現有秩序、有條理的現象。

西方純正的自由主義,認為法治是政治秩序的基礎;政治秩序的最主要目的之一是維護個人的尊嚴與個人的自由,但它卻**並不被**認為是道德與思想意圖的*直接*產物。

衝破道德與思想"意圖"的謬誤

許多中國人的看法則認為:政治秩序的形成雖有賴很多因素的配合;但在這些因素中,最基本的動力是道德與思想。此

種看法反映着儒家傳統文化深沉的影響。儒家傳統在這裏決定性的影響有時卻很隱晦，從表面上看去，並不容易看得出來；而且，同樣深受這種影響的政治人物與知識分子，有時彼此（政治人物與知識分子之間，以及知識分子彼此之間）對當前要務的解決之道，也有許多爭執 —— 這更使人不容易看得清楚他們底許多共同的思想根源。另外，中國自由主義者都多多少少採取了反傳統的態度，並以引進西方自由主義所肯定的價值與觀念為職志，因此，他們在提倡自由主義的時候，深受中國傳統思想與文化影響的成分，便就更不被人注意了。然而，如果我們希望中國自由主義能夠真正往前推進一步的話，那麼從本文的分析所顯示的中國自由主義前驅人物認為政治秩序之形成主要是來自道德與思想的直接影響的這種觀念，必須加以突破。對於這種認為道德與思想的意圖（intentions）可以直接有效地導致政治秩序的建立的觀念，根據本文的分析，可稱之謂"道德與思想'意圖'的謬誤"。（這裏的分析，有其一定的分寸，希望讀者不要誤會。我不反對道德，也不反對思想，而且覺得它們，除了本身可能有其價值以外，也可能具有社會的意義與功能。我只是説，自由主義所肯定與依靠的以法治為基礎的政治秩序，不是道德與思想的意圖的直接產物，而遵守法治下的法律，與在自由的秩序之內尊重或容忍不同的價值，也並不是非出自道德的意圖不可。我在這裏也不是全盤地反對中國文化。事實上，我認為自由主義的一些價值可以經由儒家與道家的價值的"創造性轉化"而予以肯定。不過根據本文的分析，我的確認為我們應該摒棄受傳統思想影響而形成的"道德與思想‘意圖’的謬誤"。)

　　深受儒家影響的中國政治哲學，總是把調門提得非常高，要求政治上的領袖人物是大聖大賢，由"內聖"而至"外王"，並且相信道德力量本身具有"奇理斯瑪的"(charismatic)功能，只要居高位的能成聖成賢，下面的百姓自然景從，所謂"君子之德風，小人之德草，草上之風必偃"。因此，基本上，政治的問題被認為是道德的問題。從這個理路思考下去，政治秩序當然是由道德意圖形成的。所有的社會成員，在政治領袖美好的道德意圖感召之下被認為自然能夠產生美好的道德意圖，於是便以為政治秩序可以自然地形成。為了建立政治秩序，最主要的方法在於以口號與訓勉做為主要內容的"精神教育"。一般老百姓，在發現領袖人物並不是真正聖賢的時候，也只能訴諸思想與道德的力量（對政治人物的批評與咒罵是這一理路的衍生物），希望藉此改變政治領袖的態度，使他們真心向善。當然，過去也有一些人論及制度；但，概括言之，中國的制度不能與西方法治觀念之下的制度相提並論，它們大多是技術性、業務性，為特定的目的服務的，大家並不把它當作產生政治秩序的最基本的因子。另外，當道德的影響力與思想的說服力對一些人不能發生效力的時候，在上者對在下者則只能使用刑罰予以懲處；在下者對在上者則訴諸反叛。這樣惡性循環地發展下去，自然不能發展出自由主義所需要的以法治為基礎的政治秩序。

西方自由主義對於政治秩序之形成的觀念

　　如果要突破傳統中國式政治秩序的觀念，我們首先必須了解西方自由主義對於政治秩序之形成所持有的觀念。如上所述，自由的政治秩序必須建立在法治之上。沒有法治便沒有自由。這種政治秩序當然也需要道德、思想、與文化的基礎；但，這些都是間接的背景因素，不是直接因子。換句話說，並不是在社會成員因受到了他們的道德、思想、與文化的驅使，都對別人產生容忍的意圖的時候，大家才能享有自由。而從上文分析馬基維利對於自由主義的間接貢獻來看，自由主義的思想背景是繁複的，其演變的歷史是曲折的，其中也有一些在意圖上本與自由主義相衝突的思想未所預期的貢獻。

九、今後中國自由主義進展的具體步驟

　　根據以上的分析來展望中國自由主義未來的發展，大家究竟應該先做哪些事才能真正獲得實質的進步呢？我們首先需要認清：自由與民主必須建立在法治之上，而法治只能因勢利導地漸漸建立起來；它不可能是思想與道德改造的直接結果。當然，在思想上正確地闡釋法治的精義，與在道德上言行一致，根據我們的理想努力做人，也可能對法治的建立產生間接的貢獻。但，如果大家總是停留在這個階段，甚至以為只要不斷鼓吹法治的重要性與在個人的操守上盡量做到自己對自己的要求（其實，對不少人而言，這又談何容易？）便可以建立法治；

那麼，我們便很難突破仍然在原地兜圈子的困境。我們必須體認，在思想層次上為法治與民主呼籲的時代，應該已經過去。現在已是要有一點實質成績的時候了。換句話説，我們要為法治、自由、民主建立一個非思想、非道德的，制度的與社會的基礎。（"非思想、非道德"當然不是反思想、反道德。）

放棄由政治領袖領導建設制度

從這個觀點出發，我們應先放棄一般中國人約定俗成的舊觀念 —— 認為一切重大的改革都需由政治領袖出來領導才能奏效。今天台灣的社會，經濟的發展與教育的普及已經可能使我們開始用社會的力量來建設法治、自由，與民主的制度與社會的基礎了。在這種情況下，一般知識分子少寫一篇半生不熟的政論文章，多投入一點民間組織的活動，以發揮民間的力量來促進社會多元的發展，法治、自由，與民主制度的與社會的基礎便能形成得更快一點。以政治性不高、社會性較高的消費者文教基金會這幾年可喜的發展為例：該會從民國六十九年（1980）11 月 1 日成立以來，從最初倍受或明或暗的政治與其他方面的壓力，到今天，四年之間，已得到人民與政府的肯定，這一有實質成績的歷程顯示了在當前轉型期的台灣社會，一些有志之士能夠配合着新的社會條件開始因勢利導地建設法治、自由、民主的制度與社會的基礎。這種民間團體與政府部門平行地位的獲得，15 年前是不能想像的。只要消費者文教基金會能繼續茁壯成長，與其活動有關的法律與政治行為便非修正或重新制訂不可。這一實例確切地顯示了，社會力量經過有效的組織以後，可以帶動法治制度的建立 —— 至少是較低層次的法治制度的建立。一些關心中國政治前途的人與急欲參與政治活動的青年，也許覺得這種表面上純社會性的（實際上能夠產生政治影響的）活動，並不能滿足他們高層次的政治要求。然而，法治的建立是遲緩的。這種扎根的工作是極有建設性意義的。當然，其他任何真正能夠促進法治的建立的活動，都應受到歡迎。

消費者文教基金會將來的活動可以包括電視節目與影劇的評鑒，也可以包括書籍、出版物的評鑒。其他有志之士也可組織其他民間團體參與政治，為勞工謀福利，對環境污染、色情污染、商業壟斷等社會問題，以及不同階層的政府機構的工作提出建議與檢討。許多民間的組織，雖然在開始時可能遭受阻撓，但只要能繼續生存下去，配合着今天大眾傳播事業的發達，將來札下根來茁壯地發展是確有可能的。此外，如能以民間的力量促使政府機構彼此多多制衡一點，我們的國家便會多走向法治與民主一步。

自由主義對於建立法治與民主的態度

自由主義，由於本身的特性使然，只能以漸進的累積方式使社會與政治進步。它不像革命，可以使歷史發生（至少是表面上的）急遽的變遷。也許有人會覺得，這樣自由主義式的改變太慢了，配合不了台灣目前迫切的需要。而且，自由主義在實際層面又好像呈現着與現實妥協的性格。這些特性都不能滿足一些中國知識分子自詡是新式的，實際是很陳舊的，寧為玉碎、不為瓦全的心理的或道德的需要。

對於這個問題，我有兩個答案：第一，我想先請問提出這個意見的人所謂的革命是為了甚麼？是為了建立法治、自由，與民主呢？還是為了建立一個新的政權，製造一個新的統治階級？如果為了前者，我們可以根據學理與歷史經驗明確地說：革命只有成功與失敗兩種可能。因為革命必須集中權力，統一指揮，如果能夠成功，也只能產生新的政權與新的統治階級，但卻不能建立法治。在沒有法治與民主傳統的中國，以漸進的方式利用前所未有的社會力量建立法治的基礎或有成功的希望；但法治絕不能由急遽的革命方式產生。沒有法治，當然絕不可能有實質的民主與自由。

第二，關於自由主義表面上所呈現的，好像是妥協的性格，我們必須給予恰當而精確的理解。如此，對純正的自由主義者才算公平。他表面上呈現的妥協性格，事實上，是來自他所堅持的，韋伯（Max Weber）所謂"責任倫理"（an ethic of responsibility）的緣故。根據"責任倫理"原則他必須熟慮自己行為可以預見的後果，並對其負責。他必須用這種態度從事政治活動與社會活動。他的行為不是根據"意圖倫理"（an ethic of intentions）的。（不過，就高於政治層次的人生意義的層次來講，他之所以要執着於自由主義的價值與理想並促其實現，是由於他對自由主義的價值與理想的抉擇與堅持，這也可以說是一種"意圖倫理"的表現。這種"意圖倫理"與"責任倫理"相輔相成的人生境界與在政治層次上根據"意圖倫理"行事的行為，極為不同，必須做一嚴格的區分。）在政治行為的層次上，"意圖倫理"常易使人為了目的而不擇手段，即使手段的後果與當初的意圖完全違背也在所不惜。自由主義者則無法採用這種"意圖倫理"來處理政治事務，因為他必須熟慮自己行為可以預見的後果，並對其負責。在目前的脈絡中，他之所以不厭其煩地主張必須以漸進的方式謀求進步，最根本的理由是：只有用這種方式才有達成法治建設的可能。他底表面上看去好像是妥協的性格，實際上是為了實現他的理想所必須持有的。這與為了小我、狹隘的自私而呈現的另一種妥協性格，根本不同。一般中國人因深受一元論思想模式所形成的二分法的影響——以為不是黑的，就是白的——所以，很難了解妥協性格居然還有兩個類型（持有原則的妥協，與為了狹隘的個人利益的妥協）。因此，中國人能夠以寧可玉碎、不為瓦全的方式造反或搞革命，也能忍氣吞聲，為了小我的自私承受統治階級的宰使；但是，中國人就是不易堅持"責任倫理"的精神來建設自由與民主所必需的法治基礎。我們今後不談法治、自由，與民主則已；要談的話，就得設法突破傳統的思想模式的局限。（關於"責任倫理"與"意圖倫理"的進一步分析，請參閱拙文〈如何做個政治家？〉收在《思想與人物》，頁 397-410 。）

政黨政治必須建基於法治

中國過去本來是一個古老的專制國家，[11] 傳統的包袱極大，如不經外力強迫使其實行法治與民主（如二戰後的日本）—— 這當然不是任何有民族自尊心的中國人所能接受的；那麼，以自身的力量與資源來謀求法治的建立，本是甚難，但卻並不是不可能的事。（利用民主與自由之名以推行非民主非自由或反民主反自由之實，則甚易。）從這個觀點出發，我們知道法治非一蹴可及；所以，無論執政黨或黨外都應先自內部實行法治與民主做起，然後才能向外推行；否則難免是藉法治與民主的美名做非法治、非民主的事。常聽一些人說，我們之所以不能建立法治，主要是因為我們中國人比較自私。這種說法 —— 除了顯示這些人可能頗有民族的自卑感與不自覺地反映了中國傳統思想模式對他們的影響以外 —— 是與事實不符的，至少與我在美國數十年的觀察不符。美國人絕不比我們不自私。他們的行為有時顯得比較優越，主要是因為他們的制度比較好。他們以法治為基調的社會結構中各項較為合理的安排，使得他們在自由的秩序中更能組織起來；因此，他們社會的與個人的資源比較更能獲得發展。即使只從這一觀察的角度來考慮問題，我們也可以知道法治的建設是多麼的重要。

民主政治是政黨政治。政黨政治必須建立在法治的基礎之

11　請參閱〈良知的迷惘〉，徐復觀著（蕭新義編），《儒家政治思想與民主自由人權》（台北：八十年代出版社，民國六十八年（1979）），頁 171-182。

上，其運作才能正常化。執政黨如欲為中國建立民主的基業，它應公佈開放黨禁的時間表，同時它應與新的社會力量配合，儘快建立以法治為基礎的政治秩序。這樣才能使政治鬥爭變成政治競爭，並使社會資源在合理的程序與結構中發揮建設的力量。這是擁有由中國民主運動先驅張君勱先生起草，基本上符合自由主義原則（雖非十全十美）的憲法的中華民國，自存與發展的道路。

1984 年 10 月 15 日於麥迪遜

2015 年 5 月 6 日第一次修訂

2015 年 5 月 10 日第二次修訂

原載《聯合月刊》第 46、47 期（民國七十四年（1985）5 月、6 月）；《知識分子》第 1 卷第 4 期（1985 年 7 月）

論台灣民主發展的形式、實質，與前景 —— 為紀念殷海光先生逝世三十三周年而作 *

一、殷海光先生留給我們的精神遺產

時光荏苒，先師殷海光先生逝世已經 33 年。這 33 年來，台灣的政治、社會與文化均已發生了巨大變化。然而，面對這些變化所帶來的種種問題，殷先生一生奮鬥所顯示的**精神**，至今仍有重大意義。殷先生的軀體雖然已經消逝 33 年了；但他的精神卻持續存於天地之間。具體而言，他的精神展現於他追求的理想，以及他在追求這些理想的時候所秉持的在公共領域中的情懷與人格。

(1) 理想

殷先生服膺五四初期所鼓吹的自由主義，常喜徵引艾克

---

* 　拙文定稿之前，曾獲得錢永祥先生評閱。他提出了許多寶貴意見，我據之做了修訂。對錢先生的幫助，謹此致謝。

頓勳爵的名言——"權力趨向腐化，絕對的權力絕對地腐化"——來說明中國現代史的病根之一是：沒有辦法限制與監督政治權力的擴張與用濫用。他認為中國經過各式各樣天翻地覆的革命以後，到頭來益發使人知道，建立類似英美文明發展出來的自由的價值、人權的觀念、民主的憲政，以及發展建基於經驗的理性，才是中華民族應走的康莊大道。殷先生時常慨嘆早期五四精神與風格在台灣的失落；而重振五四精神，徹底實現五四早期所揭櫫的自由、理性、法治，與民主的目標，乃是救國的唯一道路。

用殷先生在他逝世之前 26 天，在身心承受極大痛苦中，以口述方式為他的《文選》記錄下來的《自敍》裏的話說：[1]

在一方面，我向反理性主義，蒙昧主義（obscurantism）、偏狹主義、獨斷的教條毫無保留的奮戰；在另一方面，我肯定了理性、自由、民主、仁愛的積極價值——而且我相信這是人類生存的永久價值。這些觀念，始終一貫的浸潤在我這些文章裏面。但是，我近來更痛切地感到任何好的有關人的學說和制度，包括自由民主在內，如果沒有道德理想作原動力，如果不受倫理規範的制約，都會被利用的，都是非常危險的，都可以變成它的反面。民主可以變成極權，自由可以成

1　殷海光：《〈海光文選〉自敍》，載《書評與書序》，下冊，《殷海光全集》，第十七，林正弘主編（台北：桂冠，1990），頁 652-653。

為暴亂。自古以來，柏拉圖等大思想家的顧慮，並不是
多餘的。

(2) 在公共領域中的情懷與人格

殷先生的這些理想並不是説説就算了，他是以生命來肯定
和堅持這些理想的。殷先生説："本乎理性的認識而建立的信
仰，是值得用生命去保衛的。"[2] 他在給一個學生的信上説："書
生處此亂世，實為不易，像我這樣與眾不同的人，生存當然更
為困難，往後的歲月，可能苦難更多。自由和真理及正義的追
求，是要付出代價的。"

殷先生在到台以後的歲月中，由於堅持理想所遭遇的政治
迫害，與他面對這些嚴峻的迫害所展現的"威武不能屈"的嶙
峋風骨，以及他對事理公正的態度與開放的心靈，對知識的追
求所顯示的真切，和對同胞與人類的愛和關懷，在在使我們感
受到一位中國自由主義者於生活與理想之間求其一致的努力所
釋出的人格素質。甚麼是人格素質？用韋伯的話來説，那是來
自一個人底"終極價值與其生命意義的內在關聯的堅定不渝"。[3]

2　殷海光：〈自由人底反省與再建〉，載《殷海光選集・第 1 卷，社會政治言論》（香港：
　　友聯出版有限公司，1971），頁 169。

3　韋伯（Max Weber）著，錢永祥編譯：《學術與政治：韋伯選集（I）》，增訂再版（台北：
　　遠流，1991），頁 308。原文英譯見 Max Weber, *Roscher and Knies: The Logi-
　　cal Problems of Historical Economics*, trans. Guy Oakes（New York: Free Press,
　　1975），pp. 192。

最近看到一些年輕作者對於殷先生的一些（涉及別人的）激越或峻急的言論以及他對於他所不喜歡的人的態度和他在學術上並無原創貢獻的事實，頗有批評。這些批評大都是有根據的。然而，我卻覺得意義不大。因為殷先生的主張與堅持所蘊涵的意義，主要是在公共領域內所產生的**政治**意義；何況殷先生對於他的一些"不平衡"的舉止與言談，並非沒有自覺與自省。例如，他在《到奴役之路》譯者〈自序〉中說：[4]

> 近四、五年來，我對海〔哈〕耶克教授有進一步的認識。我從他的著作和行誼裏體會出，他是一位言行有度、自律有節，和肅穆莊嚴的偉大學人。我所處的環境之動亂，社羣氣氛之乖謬，文化傳統之解體，君子與小人之難分，是非真假之混淆，以及我個人成長過程中的顛困流離，在在使我對他雖然心嚮往焉，但每歎身不能至。而且，近半個世紀中國的現實情形，不是使人易於麻木，便是使人易趨激越。從事述要《到奴役之路》時代的我，是屬於激越一類的。十幾年過去了，回頭一看，《到奴役之路》經過我的述要，於不知不覺之間將我的激越之情沾染上去。我那時的激越之情和海〔哈〕耶克先生的肅穆莊嚴是頗不調和的。關於這一點，我很慚愧。我認為我應該向海〔哈〕耶克先生致歉。

4　殷海光：〈自序〉，載哈耶克（Friedrich A. Hayek）著，殷海光譯：《到奴役之路》，《殷海光全集》，第六，林正弘主編（台北：桂冠，1990），頁 6。

　　要談殷先生的主張與堅持的政治意義，就需先對"甚麼是政治"作內部區分。許多人認為"政治"就是爾虞我詐，爭權奪利；然而，這只是中國法家式的理解。事實上，內心充斥着權力慾與虛榮心，表面看來相當得意的政客的行為背後，卻是一個虛脫的心靈：內在精神的軟弱與無能，使他只能用下流、疲乏，與淒涼的態度來面對"甚麼是人生的意義？"這個問題。[5]

　　另外一個對於政治的理解，則是亞里斯多德式的。政治是公民參與公共領域內政治過程的行為。為甚麼要參與政治過程？因為公共領域之內的問題是大家的事，有其開放性；不是在事情還沒有討論與決定之前就已經有答案了。所以，每個公民都有責任參與公共事務。責任感當然蘊涵獨立與自主意識；如果公共事務完全由統治者來決定，其後果應該由統治者來負，一般人無法獨立參與政治，當然也就不存在責任問題。亞里斯多德甚至認為，人之所以為人的意義，是參與他所謂的政治；所以他說：只有比人高的神與比人低的獸，不必參與政治。

　　從這個觀點來看，殷先生言行的意義在於：在一般人不被允許參與政治的條件下，他受到了作為一個公民所必須具有的責任感的召喚，以他那震撼人心的道德熱情為原動力，硬要參與政治過程所發揮的政治性影響。殷先生說："唯有對民族，對國家，對當前危局抱有嚴重責任者，才不辭冒險犯難，據理

5　這句話是融合我自己對於政客的觀察與韋伯的譴責而寫出的。參見 W. G. Runciman, ed., *Max Weber: Selections in Translations*（Cambridge: Cambridge University Press, 1978），pp. 214。

直言，據事直陳。"[6] 當時普通公民參與政治過程的唯一管道是言論領域，在"白色恐怖"的年代，殷先生以一個讀書人扮演了近似反對黨的角色。在那個年代，大多數知識分子對於政治避之唯恐不及，而殷先生卻逆流而行，在這種情況之中，他的那些激越或峻急的言談是可以理解的 —— 從參與政治過程的觀點來看，我們甚至可以說，是難免的。

二、殷海光先生逝世以來台灣的民主發展

(1) 形式上的發展

1960 年，《自由中國》發行人雷震在蔣氏政權的高壓與羅織之下，因籌組 "中國民主黨" 而被捕入獄，沒過幾年殷先生也被迫離開台大教職（後改為只領薪水，不准授課），居所與行動皆被監視，不久發現已患胃癌，但政府仍不准他接受哈佛的邀請出國訪問與療疾。

殷先生於 1969 年（不到五十整歲）逝世之前，若要展視民主在台灣的發展前景，我想他的心情是黯淡的。他不可能想像台灣在不到 33 年的光景，已經變成一個沒有政治犯、言論完全自由的地方。違反當時的戒嚴法、強行組黨的民進黨，於組

6　殷海光：〈言論自由的認識及其基本條件〉，載《政治與社會》，上冊，《殷海光全集》，第十一，林正弘主編（台北：桂冠，1990），頁 244。

黨之後 14 年就能經由總統大選取得政權 —— 而且政權轉移完全是在和平的情況下辦到的。所以，台灣的民主發展，在形式層面，是一個令人印象深刻的成功故事。

(2) 實質上的問題

然而，身處這個"成功"故事之中的一般民眾，似乎並沒有感受到外國觀察者 (只從表面上) 看到的、令人喜悅的"成功"所應帶來的喜悅。相反，許多有識之士卻對這樣的"成功"的後果，深感憂慮。他們覺得經過台灣式民主的洗禮以後，社會、文化，與政治不但未能獲得整合，反而似乎都要散架了！之所以如此嚴重，關鍵在於台灣民主的實質內容是非常空虛的。這個表面上、形式上的民主，我們稍一深究，就知道它在許多方面都犯了形式主義的謬誤。因此，一般民眾除了已經享有民主的一些好處以外，也需承擔不少犯了形式主義謬誤的民主的惡果。

為甚麼會如此呢？首先需要指出的是：健康而成熟的自由的民主 (liberal democracy)，作為政治架構與內涵以及作為社會生活的模式，是需要**基本的條件**來支撐的。如果缺乏這些條件，自由的民主便無法正常地發展出來。

早在 1957-58 年，殷先生便在《自由中國》上大聲疾呼：政府不應以"反攻大陸"為藉口來控制人民，欺騙人民，以致使"人權、自由受到嚴重的妨害，政治向着反民主的道路上發展"。[7] 殷先生認為，政府大部分的措施，與其為了可行性不高的"反攻大陸"而設計，與其為了這個渺茫的目的而投入大部分資源，不如從事長治久安的**基礎建設**。這種"真正該做的事"[8] 乃是"從具體的積極的建設行動中求民主之實現，這樣我們才不致落空。……必須全國人民以憲法為張本，善用民主方式……洗刷舊污的勢力……民主運動需要教育與文化為基礎。"[9]（在本文結束之前，我將進一步說明這些基礎建設的主要內容。這樣的基礎建設提供支撐自由的民主的基本條件。）

遺憾的是，殷先生剛毅而清醒的聲音，在那個年代非但未能對政府發生振聾發聵的作用，反而惹來了當政者的厭恨。之所以如此的根本原因是：政府不成其為政府，只是蔣氏政權的門面而已。蔣氏政權是不願改變其獨裁的本質的；它自然會認為推行民主的基礎建設，不但違反而且威脅到它的政治利益。事實上，殷先生對於蔣氏政權不太可能採納他的建議，早已了然於胸："反攻大陸"是蔣氏政權"存在的理由和政治運用的資本"。[10] 惟其要"反攻大陸"，所以要效忠"反攻大陸"的領袖；惟其要"反攻大陸"，所以要鞏固領導中心。一切壓迫人民、錮蔽人民，與欺騙人民的措施都可藉"效忠最高領袖"、"鞏固領導中心"而有其"正當的"理由！

然而，殷先生既然明知他的建議不太可能被採納，而且還

7　殷海光：〈反攻大陸問題〉，載註 6 前揭書，上冊，頁 510、519、533。
8　同註 7。
9　殷海光：〈中國民主運動底正確方向〉，載註 6 前揭書，下冊，頁 633。
10　同註 7。

可能陷他與家人的安危於不利境地，當時為甚麼他仍要甘冒天下之大不韙——連胡適都認為"反攻大陸"這塊招牌"我們不可以去碰的"[11]——公開懷疑"反攻大陸"的可行性，並主張政府應把精力與資源移作在台灣從事民主的基礎建設上去？

殷先生的堅持，展現了他在言論領域中的政治判斷與政治行為的悲劇精神。悲劇精神的意義在於，人作為一個有限的生命，在他追求真、善、美或愛的過程中，雖然由於宇宙本身的缺陷與不足（包括許多人性格中的陰暗面——貪婪、嫉妒、權力慾等等[12]——所產生的破壞力和世間種種陰錯陽差所造成的阻撓），以致使得這樣的追求無法達到目的，甚至遭受挫敗或死亡；但，他的追求本身卻肯定了真、善、美或愛的存在，並接觸到了這些"真實"的力量所蘊涵的無限與超越。因此，悲劇精神給人以崇高之感。

殷海光先生之所以"不辭冒險犯難"，堅持發表他的上述主張，認為那是他作為公民的"嚴重責任"，主要是因為他清楚地認識到，他的主張具有持久的、人間現實的真理性、福利性，與公共性：**全民的福祉繫於台灣能否在現在或將來實現憲政的民主，而憲政的民主能否真的實現，則端賴全國上下能否從事民主的基礎建設工作。**

11　胡適：〈從爭取言論自由談到反對黨〉，載註 6 前揭書，下冊，頁 622。

12　一般討論悲劇起源時，對於許多人性格中的陰暗面均用人性來概括。然而，我對那樣整體性的（holistic）解釋，頗感疑惑。因為，另外也有些人並不那麼陰暗，雖然他們不見得像天使一樣，毫無瑕疵。我也不想用"人性是共同的，表現在不同的人身上則有程度的不同"這類話一筆帶過，因為"量變"或"量的不同"到了極端便是"質變"或"質的不同"。所以，這裏用"許多人"，而不用"人"那樣全稱的名詞。

殷先生這樣的堅持，只在表面上與宇宙神話籠罩下中國傳統以"三綱"為主軸的禮教社會中，義之所在、知其不可為而為之的精神相似。因為殷先生所堅持的言論，蘊涵着理性的力量，它具有政治遠見與歷史解釋力；所以它可應用到現在、過去、與未來。這樣具有理性力量的政治判斷蘊涵着超越性與公共性。所以，一方面它不受現實考慮（殷先生自己自身之安危、蔣氏政權能否接受等等）的限制；另一方面，它超越了一家之私、一黨之私、一個族羣之私、一個地域之私、一個民族之私，與一個國家之私。這種政治理性的超越性，乃是宇宙中一項"真實"的力量。殷先生受到了它的召喚，因此非把他的判斷在當時的公共論壇《自由中國》上發表出來不可。

根據殷先生的判斷的內在邏輯，無論當時或未來，台灣如要實現憲政民主，就非極力推動民主的基礎建設不可。我們也可以根據這個邏輯來解釋過去和預估未來：台灣的民主發展之所以在實質意義上產生種種問題，主要是因為民主發展所需要的基礎建設，無論在兩蔣主政時代、李登輝主政時代，或目前的陳水扁主政時代，都沒有獲得真正的關注與發展。有時候，他們的政策反而是背道而馳！台灣目前的公民社會仍然停留在雛型階段，尚無法對民主的基礎建設（包括憲政結構的改革、公民文化與公民德性的養成）產生重大影響。展望未來，我們可以說，台灣的政治與社會，如仍無法投入民主基礎建設工作的話；那麼，未來仍然難免不是一片混亂！

***

下面我將對兩蔣、李登輝，與陳水扁主政的作風略作分析，以便説明為甚麼他們對民主發展所需要的基礎建設，均沒有真正的關注，而且均對民主發展產生了負面的影響，儘管李登輝和陳水扁均曾宣稱，台灣已從威權體制進入了民主體制。

雖然蔣氏右派威權統治與中共左派極權統治，在黨組織上都是列寧式的，但它與中共有基本的不同：（一）它沒有真正的烏托邦衝動（雖然在宣傳中有時夾有類似的語彙）；（二）它不會大規模動員羣眾（雖然它也想組織羣眾，有時也想動員羣眾；但兩者都做得並不成功）。它主要的興趣是保持自己的政權。為了保持自己的政權，它無所不用其極；但它並沒有——由於要把人間變成天堂的雄心所導致的“比你較為神聖”——的道德優越感，所以它並沒有憑藉着道德優越感和烏托邦主義的內在動力，來以組織羣眾、動員羣眾的方式，把威權統治變成極（全）權統治。蔣氏政權有時擺出一副上承聖賢之教、為國為民的樣子。然而，它真正的興趣只是保持自己的政權而已。它沒有遠大的理想，也沒有建立系統性意識形態的意願和能力（三民主義是一個大雜燴，稱不上是嚴格意義的意識形態）。所以，它沒有多少內在的資源來化解或偽裝它的自私自利。在實質意義上，蔣氏政權遺留給台灣的政治遺產是：政治便是以權謀、虛偽與矯飾的方式來爭權奪利。因為它自己都不相信自己的歪曲宣傳，所以，它在公開場所表現的，只是色厲內荏而已。

借用一位外國學者在另一脈絡中指涉另一論題時所使用的名詞，蔣氏政權是一個把“沒有目的當作目的”（purposelessness for purpose）的政權。它的這種性格，到台以後在經濟政策和建設方面頗有改進。（不過，在這方面的發展與成就，最初卻不是蔣氏父子及其幕僚主動檢討政府帶有相當強計劃經濟色調的經濟政策的缺失、並主動採用自由經濟政策而達成的。關鍵性的政策轉變，發生得相當偶然。參閱本文附錄："1960 年代中期台灣經濟起飛的偶然性"。）由它管轄的政府也能夠維持一個局面——因應經濟與社會的需要，政府也能起用一批技術官吏進行工業、農業、教育等方面的實務建設（如建立"科學園區"、發展九年義務教育等）。不過，在政治上的基礎建設方面（如落實憲政、推展公民文化、公民道德等），蔣氏政權的本質則無重大轉變。這一點可從技術官吏不敢逾越他們被指定的工作範圍，對蔣氏政權的本質並無影響，可見一斑。假若我們把政治界定為：在公共領域中為了謀求國家長治久安而進行與維持制度的和文化的基礎建設的話，那麼，蔣氏政權的"政治"沒有甚麼政治性，它基本上只是個人權力慾的展現而已。從把政治界定為公共領域中的活動的觀點來看，蔣氏父子兩代把"沒有目的當作目的"的"政治"，可稱之為"私性政治"。（根據亞里斯多德對於政治的界定，"私性政治"這個名詞則是不通的；因為"私性政治"不是政治，只是統治。）

　　造成蔣氏政權的"私性政治"的原因當然甚為複雜，此處無需細述，其中一個關鍵因素，大概可能與它當初秘密結社的背景，以及在會黨權力結構中某些特定勢力排除異己、掌握權力的過程有關。

　　這種"私性政治"的特色是：雖然它不斷宣傳自己是多麼大公無私、為國為民；但它的政策與行為卻使人覺得，它沒有真正的公共領域中的關懷，[13] 當然也就沒有達成這樣的關懷所需要的**系統性方向和做法**。舉例而言，它說要復興中華文化，但卻沒有興趣去系統地發掘傳統中華文化的現代意義。它說要實行三民主義；但卻沒有興趣去整理三民主義的內在矛盾（如前所述，三民主義是一個大雜燴，稱不上是一個意識形態，當然也就不能產生意識形態的作用。它無法處理現代性問題，也不能與別的意識形態對話、互動。事實上，所謂"實行三民主義"只是蔣氏政權口頭上的一個儀式而已）。它說要推行民主，但從來沒有興趣遵守憲法（民進黨在 1986 年強行組黨，蔣經國之所以沒有使用仍然有效的戒嚴法進行整肅，並不是因為他對民主懷有敬意，而是迫於個人病況轉重與時勢之故）。

　　總之，蔣氏政權"私性政治"的遺產，主要有兩點：(1) 在公共領域內把"沒有目的當作目的"。換言之，它絕無意願從事有目的性的政治建設（包括權力結構的合理化、現代政治正當性的建立等）。當然，它也就絕無意願採用系統性方向和做法來從事民主憲政的基礎建設工作。(2) 政治不是遵守普遍性規則的公共事務，而是，如前所述，以權謀、虛偽與矯飾的方式來爭權奪利。

13　蔣氏政權自我宣稱它之所以發展經濟，乃是為了國民福祉。事實上，如本文"附錄"所顯示，它最初並沒有發展經濟的觀念。它之所以走上發展經濟的道路，相當偶然。可是開始發展經濟以後，它很快就知道，經濟發展對於它的聲譽和權力都是有利的。然而，正因為它真正優先關心的是它的"私性政治"意義之下的權力，而不是公共領域之內的國民福祉；因此，與國民福祉息息相關的經濟發展以後所產生的種種嚴重問題（資金氾濫、環境的破壞與污染等等），它就沒有興趣謀求系統的、有效的對策了。

　　雖然蔣氏政權的宣傳語言與其政治本質是恰恰相反的；但它的具體行為所產生的影響是巨大的。一個人在世間生活與從事各項事務時，其關鍵性的資源並不是表面上明說的意圖或關懷，即博蘭尼所謂"集中意識"（focal awareness），而是博氏所說的"支援意識"（subsidiary awareness）。"支援意識"提供給一個人在生活與學習過程中所需運用的"未明言（或默會）的知識"（tacit knowledge）。這種"知識"或"意識"，則是他在生活與學習的環境裏，於潛移默化中獲得的。

　　於潛移默化中形成一個人的"未明言的知識"的最主要資源有兩個：（1）賴爾（Gilbert Ryle）所謂"如何做的知識"（knowing how）。[14] 用哈耶克先生的話來說，那是"根據一個人能夠發現——但在願意遵從的時候卻不能明確說明的——規矩（rules）來做事的技能"[15]，而不是表面上聽到或看到的宣傳或教誨。（2）孔恩（Thomas Kuhn）所謂"實際操作的具體範例"。[16] 從這個觀點來看，生活與學習中的實踐技能、獲取這樣實踐技能的心領神會，以及展示這樣實踐技能的具體範例，要比表面上聽到或看到的說教或宣傳更能影響一個人的社會行為與文化活動。

　　上面極為簡略的對於博蘭尼、哈耶克等人的理論的說明，足以證實我們常識中所謂"言教不如身教"的正確性。蔣氏政

14　Gilbert Ryle, *The Concept of Mind*（London: Hutchinson, 1949），chap. 2.

15　F. A. Hayek, *Studies in Philosophy, Politics, and Economics*（Chicago: University of Chicago Press, 1967），pp. 44.

16　Thomas Kuhn, *The Structure of Scientific Revolutions*, 2nd ed.（Chicago: University of Chicago Press, 1970）.

權消失以後，繼承其權力並宣稱從"蔣經國學校"畢業的李登輝，耳濡目染蔣氏"私性政治"中"如何做的知識"與"實際操作的具體範例"，很自然地習得了"私性政治"的"規矩"：(1) 政治就是權力，這是最根本也是最終從事政治的目的，其他一切都是手段；(2) 絕不使用權力從事有目的性的政治建設（包括民主憲政的基礎建設）。（關於李登輝的台獨主張是否可稱之為"有目的性的政治建設"，詳下文。）

既然對於李登輝而言，政治基本上就是獲得、享有權力，在兩蔣逝世以後 —— 他們所經營的威權體制在新的時空中已不可能用同樣的方式繼續存在的時候 —— 他為了從選舉中獲得威權政治式的權力，便毫無顧忌地推行炒作民主的民粹主義了。

甚麼是民粹主義？它利用民主的形式的建立、擴張，與運作來提供反民主的根據。它的基本運作方式是政治化約主義 —— 把複雜的、奠基於憲政民主的自由的民主，化約為無需民主基本條件支撐的選擇。這種政治化約主義直接導致民主的異化。戒嚴已經解除，政治犯均已釋放，"老賊"所組成的舊國會早已改選，各式各樣的選擇，從中央到地方，按期舉行，人民已有言論、結社、組黨的自由，這不是"主權在民"了麼？這不是"民之所欲，常在我心"麼？這不是人民已經變成"頭家"了麼？

這裏的"人民"也好，"頭家"也好，都是一元、整體性的，沒有內部分殊、強烈蘊涵着"集體"意識的符號。李登輝經由勝選取得政權權力，即使有 45% 選民並沒有投票給他，但他當選以後，卻把不同的選民化約為一元同質性、整體性的"人民”，強調他的勝選代表“人民意志”的表達。就這樣，民粹主義政治人物與其追隨者把複雜的民主化約為選舉，並進一步把勝選化約為整體“人民意志”的展現，贏得選舉的人也就變成“人民意志”的代言人與執行者了。這樣的民粹主義政治人物的所作所為（包括以修憲的手段擴權到有權無責的地步，並造成府院關係的憲政紊亂）都可說成是秉承人民意志，為“頭家”服務。選舉變成了選舉中的贏家在選後擴權、毀憲的工具。這是缺乏健康的民主運作的台灣式民主轉換成為民粹主義的內在邏輯。這是民主的異化。

　　李登輝運用民粹主義獲得了權力；他在推行民粹主義的過程中逐漸顯露出他的台獨意識。贊成台獨的人會質疑前文所說他“絕不使用權力從事有目的性的政治建設”。難道建立台灣為一獨立國家，不是有目的性的政治建設嗎？把台灣建立成為獨立國家，當然是一個目的，問題在於這個目的是否可稱之為“有目的性的政治建設”？李登輝主張台灣應該獨立，筆者要問的是：他要把台灣建立成為一個甚麼樣的獨立國家？如果答案是：只要獨立就好，至於獨立以後台灣就算仍然被民粹主義和黑金政治所宰制也無所謂。那麼，這樣的獨立只是形式主義的謬誤而已。台灣的民主前途，正如殷海光先生早已清楚地指出：端賴民主的基礎建設工作是否能夠落實，而這樣的工作只能逐步推行，不是一朝一夕便可完工，所以並不會因獨立或不獨立而有所增減。如果支撐憲政民主的許多條件繼續闕如，那麼台灣獨立以後，仍然將是一片混亂，也仍然是要被野心家利用民粹主義所獲得的權力來宰制的。事實上，台灣如果宣佈獨立，正是中共武力攻台最好的藉口。所以李登輝、陳水扁都不宣佈獨立。在不具備獨立的條件之下，其最大的效果反而是轉移了大眾應該特別關注的焦點——推展民主最主要、最根本的工作是：民主的基礎建設。

李登輝主政了 12 年。他最對不起台灣人民的是：他沒有善用那樣長的主政時間，領導台灣進行深刻的民主改造，為真正的民主體制、民主文化奠立根基。十八世紀法國啟蒙思想家孟德斯鳩曾説："當社會最初誕生之時，制度經由領袖而產生；後來，領袖經由制度而產生。"蔣經國逝世之後，民主的政治社會是有可能在台灣誕生的。李登輝在權力鞏固以後，事實上是有足夠的權力與地位來推動民主的基礎建設工作的。然而，他畢竟受到蔣氏政權"私性政治"的濡染太深；因此，胸襟不大、格調不高，而他的政治知識則是日本右派式的，現在看來，當時希望他能夠成為孟德斯鳩筆下"產生"制度的領袖人物，只是一個幻想而已。

至於陳水扁，在華人社會亙古未有、以和平方式經由選舉轉移政權到他手上以後，帶着全國上下所有善意的人們的祝福與期待，開始執政。兩年來給人最奇特的印象是：他領導的新政府竟然毫無新氣象。他就職時所説的"全民政府、清流共治"，以及他將退出民進黨的政治運作等等，不但無一兑現，而且其行事作風與他宣稱所要為之的，竟然完全相反。兩年來幾乎喪失了一切言行的可信度。連李登輝都不曾干涉的國營事業的人事，他都無顧專業的考量，直截了當地做政治性的任命，插入選舉所需要的樁腳。

　　陳水扁的作風使人感到，蔣氏政權遺留下來的"私性政治"，在只會炒作民粹主義以贏得選舉的陳水扁身上更無遮攔。維繫人類生活秩序最重要的道德基礎之一是：守信。連不相信道德具有超越性的蘇格蘭經驗論哲學家休謨，也仍然堅持"守信"是社會生活最低限度的三個自然律之一。在兩蔣時代，憑藉着高壓與矯飾，社會生活的素質與秩序至少還可經由"道德神話"來維繫至相當程度。現在則是國家領導人赤裸裸地以毫無誠信的方式炒作政治。這樣的作風對於政治與社會素質的破壞是十分嚴重的。解嚴以後，台灣式民主墮落到了這步田地，是許多人始料未及的。然而，從理智的觀點來看，一個從來未曾有過民主基礎建設的台灣，之所以落到這步田地，則是可以理解的。

　　講到這裏，益發使我們感念殷海光先生早在 1950 年代既已公開強調民主的基礎建設的深思與遠見。任何一個社會（包括台灣在內），如要推展自由的民主，均必需極力進行民主的基礎建設；否則對於自由的民主的期待，終將成為泡影！

　　民主的基礎建設，包括法治的確立，公民文化和公民道德的培育，以及公民社會的養成。

　　法治（或法律主治，the rule of law）與法制（或以法統治，the rule by law）不同。法治是指：合乎法治原則的法律作為政治、社會，與經濟運作的框架：一切政治、社會、經濟的運作均必須在合乎法治原則的法律**之內**進行。法治作為制度而言，有其優先的重要性。

　　專制國家有時也講一點效率，所以有時也注意到法律的好處。它推行的法律有許多違反法治原則的地方。有的專制國家自稱所推行的法制是法制,而不用法治二字,這在名詞上倒是清楚的。實行法制的國家不一定能夠改進或演化成為憲政民主,亦即:法治之下的民主。

談到法律,以"合乎法治原則的"加以限定,這樣的表述當然意味着也有不合乎法治原則的法律。那麼,甚麼是法治原則呢?它包括以下兩點:(1) 一切法律不可違反更高一層的法律;最高的法律是憲法。(2) 憲法則不可違反"法律後設原則"(meta-legal principles):亦即,自歐洲中古歷史至英美憲政歷史發展出來的四項共同規範:(a) 國家有義務保障境內所有人的基本人權;(b) 國家中的行政權、立法權,及司法權均需經由法律予以限制;(c) 法律必須平等地應用到任何人(法律之前,人人平等),同時法律必須不為任何團體或個人的具體目的服務;(d) 經由法律程序通過的憲法,如果不符合上述"法律後設原則",則仍然是違憲的。

公民文化和公民道德是指:參與民主的政治過程所需要的文明性(civility)與公民德性(civic virtue),包括尊重別人的意見,勇於表達自己經過考慮過的意見,以及個人在羣體生活中所應有的自我肯定,與完成這些肯定所需要的知識和技能等。另外,民主社會中的公民,當然要對甚麼是民主、自由、人權、法治等基本觀念,具有一定程度的理解。這就必須從學校和社會的公民教育入手。這種公民教育起碼應該涵蓋對於這些觀念的基本闡釋,以及對於它們被引進到中文社會裏來的歷史過程的分析(包括在甚麼時候及在甚麼程度之內被理解或被曲解的故事)。

公民社會是指公民參與政治過程的社會機制。[17]

＊＊＊

在結束本文之前，還有兩點需做一些澄清，以免誤解：第一點是，就推行憲政民主的基礎建設而言，政治領袖主體能動性及歷史環境對其影響的問題；第二點是，運作比較良好的憲政民主國家的政治領袖，是否也有訴諸民粹主義的傾向的問題。

民主的基礎建設，當然不能只靠政治領袖一個人來獨力完成。如果一個政治領袖決定主動地推行民主的基礎建設，他只能在他處的歷史環境中進行，在進行過程中可能受到不少阻力，有的阻力可能無法克服，而進行改革的措施如果操之過急的話，甚至會引起反動勢力的反撲而功敗垂成。另外，民主的基礎建設工作需要社會、經濟、思想，與文化的條件的配合，這些條件並不是經由政治領袖一己之力所能創造出來的，雖然他的政策對它們可能產生很大的影響。

然而，上述這些問題，對於李登輝而言，均不存在，所以是不相干的。因為李氏主政 12 年間，不但根本沒有意願推動民主的基礎建設，而且還以拉攏黑金、毀憲擴權至有權無責的方式，破壞了張君勱先生起草的《中華民國憲法》所留下的 —— 雖然蔣氏父子並未遵守，但至少在條文上接近內閣制的 —— 憲政民主的初步規模。（李登輝毀憲擴權以後所遺留的制度上的重大缺陷，使得陳水扁上台以後，在民進黨於國會之中

17　關於如何在台灣發展公民社會，拙文〈從公民社會、市民社會、與 "現代的民間社會" 看中國大陸和台灣的發展〉曾做過初步的探討與建議。此文已收入拙著《從公民社會談起》（預定將由台北聯經出版公司在兩、三年之內出版）。

並未過半的條件下，卻誤以為可以大權一把抓，所以他決定絕不與在野黨協商，以致造成政局不安並且直接影響到台灣的經濟。）

也許有人會問：李氏的"私性政治"既然深受蔣氏政權行事作風的影響，為甚麼要對他加以譴責呢？和每個人一樣，他的行為只是他所處的環境對他的影響的反映而已。要答覆這個似是而非的問題，關鍵在於釐清"影響"乃是一個蘊涵着"程度"的命辭，它的意義與否認人的自主性的絕對歷史決定論不同。的確，每個人都深受自己所處的環境的影響，但沒有人會承認自己只是反映自己所處的環境的機器。而客觀上，來自相同環境的人，行事作風卻不可能完全一樣。人之所以為人 —— 無論其做好做歹 —— 是有相當程度的自主性的。在作為公共事務的政治領域，一個政治領袖的權力愈大，自主性也愈大，因此所應負的責任也愈大。李登輝主政的 12 年是台灣歷史可能有的轉折時期。職是之故，他主動推行民主基礎建設的空間比較大 —— 這也是上引孟德斯鳩的話所蘊涵的意義；因此，對於他未能推動民主的深刻改造，更應予以譴責。

下面是我對於第二個問題的簡略答覆。在西方憲政民主中獲得勝選的政治領袖，也經常說自己是代表全體人民主政（雖然投票給他的選民只佔總投票額的一部分）。表面上看，英、美與西歐的民主領袖也有民粹主義的傾向。然而，台灣的情況與西方的情況是很不同的。以炒作求取勝選的議題（如台獨意識等）為手段而獲得權力的台灣民粹主義的政治領袖口中的"人民"，正如王振寰、錢永祥所分析的，"指的卻已經不是傳統民主理論所設想的積極參與的公民，而是消極被動的、由統治者賦予集體身份的、功能在於表達認可（acclamation）的正當性來源。這種人民在組織上是由上向下動員而來，在身份上則是透過國族的召喚而成；它缺乏社會性的分化、缺乏體制性的意志形成過程，也沒有機會參與政治議題的決定"。[18]

事實上，西方比較成熟的民主政治中的領袖訴諸民粹主義的傾向，由於受到憲政制度，以及社會結構和公民文化的種種節制，是與台灣民粹主義很不同的。

附錄

1960 年代中期台灣經濟起飛的偶然性

假若早年受業於哈耶克先生、堅決反對通貨膨脹、反對各種經濟管制以及人為干預市場的蔣碩傑先生沒有在 1952 年與尹仲容先生會面，政府是否會改採自由經濟政策，在 1950 年代進行一系列的改革，是很難説的。

蔣先生與深受計劃經濟觀念影響的尹仲容在台北初次會面時，兩人無法溝通，所以並不愉快。不過尹氏後來居然閱讀了蔣先生臨別留贈給他的 James Meade 著 *Planning and Price Mechanism*，相當清楚地了解到人為計劃的限制，並確實領會

18　王振寰、錢永祥：〈邁向新國家？——民粹威權主義的形成與民主問題〉，《台灣社會研究季刊》，第 20 期（1995 年 8 月），頁 30。

到了市場機能的重要功能。因此才有政府從 1954 年開始，邀請蔣先生和劉大中先生多次回台，就經濟政策提出建言。自 1954 年至 1960 年政府根據蔣先生的建議，先是改採高利率政策以對抗通貨膨脹，接着廢除複式匯率，改採單一匯率，讓新台幣貶值到市場能夠承受的價位。這樣推動貿易自由化、鼓勵出口、推進國內外工業合理分工的自由經濟政策，奠定了台灣經濟快速發展的基礎。

不過，政府的自由經濟政策，在 1963 年 1 月尹仲容逝世以後，便沒有繼續推動下去，以致 —— 用刑慕寰先生的話來說 —— 多項"違反自由經濟政策的管制保護措施，以後二十幾年幾乎原封不動"。所以蔣碩傑先生後來在台灣的歲月，地位雖然崇隆，但內心的感受，他是用"苦寂"二字來自況的。（見 1986 年 6 月 19 日他給夏道平先生的信，收入吳惠林編：《蔣碩傑先生悼念錄》，《蔣碩傑先生著作集 5》〔台北：遠流，1995〕，頁 214。以上所述，曾參考此書所收各文，尤其是費景漢、邢慕寰、夏道平、吳惠林、莫寄屏諸先生的文字，以及陳慈玉、莫寄屏編：《蔣碩傑先生訪問紀錄》〔台北：中央研究院近代史研究所，1992〕。）

蔣氏政權當時能夠尊重有擔當的技術官吏，落實他們根據蔣碩傑的建言而規劃的財經改革，值得肯定。這些財經改革對國民有利；因為增加了政府的收入，對蔣氏政權也是有利的。不過，在威權體制下，技術官吏知道他們絕不可逾越自己的工作範圍。所以，台灣 60 與 70 年代的經濟發展並未給政府內部帶來政治改革的契機。後來的改革是外部壓力（黨外運動及反對黨的成立）導致的。（關於蔣氏政權的"私性政治"只知壓力，不知其他，傅孟真先生早已了解的非常清楚。他於 1947 年 3 月 28 日在勸阻胡適不要接受蔣中正邀他擔任國府委員的信上說："'政府決心改革政治之誠意'，我也疑之，蓋不能不疑也。……借重胡先生，全為大糞堆上插一朵花。……當知此公表面之誠懇，與其內心之上海派決不相同。我八、九年經歷，知之深矣。此公只了解壓力，不懂任何其他。"見中國社會科學院近代史研究所中華民國史研究室編：《胡適來往書信選》，下冊〔香港：中華書局，1983〕，頁 192。）

另外，因為政府未能持續推行自由經濟政策，台灣在 1960 年代中期以後的經濟起飛，產生了種種新的問題。例如，"民國五〇年代初期認為接近市場均衡而訂定的外匯匯率（1 美元兌新台幣 40 元），在後來市場情況很快就變得迥異於五〇年代初期之時，當局竟渾然不知外匯匯率實際上已漸遠離了市場均衡，新台幣價值已漸由外貿改革前的'高估'變成了'低估'，終致成為反自由化的隱形出口津貼。……貿易出超和外匯存底加速累積釀成資金氾濫和金錢遊戲。"（邢慕寰：〈一本書改造了尹仲容——追憶蔣碩傑先生〉，載《蔣碩傑先生悼念錄》，頁 57、59。）這些問題之所以未能及時面對與解決，也反映了即使在財經政策上，政府也相當缺乏系統的方向與作法。

本文最初發表於《二十一世紀》（香港中文大學中國文化研究所）2002 年 12 月號〔總第 74 期〕，頁 4-15。

第二部分

論理性、自由與權威

甚麼是理性

"理性"這個名詞，常常出現在大家談話與寫作的辭彙裏面，所以很值得討論一下。首先，我想做一項層次的分析，即："理性"在某一個層次上是甚麼意義？在另外一個比較深的層次上又是甚麼意義？另外，我想介紹一下我個人這些年來讀書與思考中所得的一些對"理性"的看法。

在常識層次上的"理性"

首先，我們應談一談"理性"在常識層次上的意義。我個人是非常尊重常識的，常識是我們人類共同生活的經驗的累積。常識有它好的地方，但也有它不完全適切的地方。常識往往是有道理的，假若沒有道理的話，往往不是常識。從哲學史與思想史的觀點來看，英國的哲學往往是根據常識來辯解的，我個人就覺得這一派哲學有許多地方是很有道理的。但是，常識有時是不夠的 —— 它不夠深切，正如英國許多哲學家不夠深切一樣。從常識的觀點來看，甚麼是理性呢？凡是我們認為比較合理的東西，我們便可認為是合乎理性的，甚麼是比較合理的呢？例如：適中的態度、量力而行的態度。這些都是比較合理的。譬如，一個中產階級的人，如果要請朋友們吃飯的話，他花了幾萬塊錢（聽說台灣現在的宴會可以花上多少萬），我們認為是不合道理的，也可以說是不合乎理性的。一個老太太打扮的像少女一樣的話，從我們中國人的常識來看，是不合理的，也可以說是不合乎理性的。我可以舉出許多類似的例子來這樣說明甚麼是"理性"。但我們很難證明或追溯這種"理性"的最後的根由，我們只是覺得在常識的範疇之內，有些看法與做法是合理的，有些是不合理的：過分往往是不合理的；違反我們一般的習慣往往是不合理的。這些觀念我個人覺得是非常有價值的，往往是維護社會秩序的重要因素。但，從知識觀點來看，常識的判斷不太能滿足我們知識的要求，那麼，進一步談，甚麼是理性呢？我們可以說，凡是合乎邏輯的東西是合乎理性的，凡是違反邏輯的東西是違背理性的。例如，自相矛盾：假如有一個人主張自由，但他又主張用法西斯式的方法來講他的自由，這是矛盾的立場，我們可以說他的言論是不合乎理性的。另外，我們認為公正的看法與態度是合乎理性的，不公正的看法與態度是不乎合理性的。以上所談的是在最簡單層次上"理性"的定義。

較深層次的"理性"

下面從一個較深的層次來談一談，天真的理性主義者的看法。甚麼是天真的理性主義呢？我覺得，實證主義（positivism）是容易見到的代表。甚麼是實證主義？今天在有限的時間之內，我只能簡要地談一談。實證主義後來演變成邏輯實證論（logical positivism），它特別注重感官所能知道的事實，認為所有命辭都必須根據他們認為的事實才能成立。他們另外特別注重證明，你要講甚麼，或主張甚麼，你必須證明出來，你如果不能證明出來；你就是沒有道理。經過證明以後得到的肯定，才是合乎理性的；反之，則否。而且他們要追求確實（certitude），任何東西到最後一定要確實。他們另外說，一切都要根據客觀的事實。（此處"客觀"是指他們所謂的"客觀"。）因此，凡是與這些觀點不相容的，都不可相信。信念如果不能得到證明，那麼，按邏輯實證論的說法，你就不應該相信你所認為應該相信的信念。所以，信仰系統（belief system），他們認為是不合理的，是古代封建社會的遺留。我們不應該相信那些不根據他們所認為的客觀的事實與不能經過嚴格證明的東西。在二十世紀的西方哲學界，根據這個背景所產生的邏輯實證論，發展成了很大的運動，影響了幾十年。（這一派學說，現在已經沒落了，現代比較精彩的邏輯學家已經用邏輯分析證明了邏輯實證論的謬誤。在這方面有重要貢獻的學者有 Michael Scriven 與 Hilary Putnam。）邏輯實證論主張信仰系統必須通過證明才能成立；但，信仰系統是沒有辦法予以證明的。因此，邏輯實證論認為，道德的信仰系統或藝術的信念都不是道德或藝術。因為真正的道德必須證明出來，真正的藝術也必須證明出來。例如，你如果相信甚麼是"美"，你必須證明出來你相信的"美"是美；否則，你對"美"的陳述是沒有意義的，邏輯實證論者便會說，你實際上不知道你究竟在說甚麼。你的話雖然沒有意義，但你為甚麼還說呢？邏輯實證論者會說，因為你是受了你的背景的影響所致。這是化約論（reductionism）的基本模式。近現代西方許多社會科學的哲學基礎就是邏輯實證論。許多社會科學家自認他們的工作本身不講價值，只講功能，所以在只講功能的時候，很多人都落入了這個圈套。現代西方文化之所以產生了很大的危機與這種思想佔有龐大勢力有很大的關係。這種西方的危機也不見得不在台灣出現，因為一些台灣的社會科學家們與許多西方社會科學家們一樣，把“功能”與“功效”當做“價值”，在這種把他們的基本假定視為當然，未做嚴格考察的情況之下，同樣犯了“化約主義”與“相對主義”的謬誤。

實證主義、理性的兩個定義與笛卡兒的知識論

實證論為甚麼能在西方產生那麼大的影響？另外，它的基本思想淵源是甚麼？實證論外在的歷史淵源是：對於中古宗教權威的反抗。中古哲學，你如果接觸的話，你會發現它很精彩。但教會制度化以後，從制度中產生了許多強制性的權威（authoritarian authority）及其權威的濫用與腐化，如教皇的族閥主義（nepotism）和教會的“贖罪狀”等等。教會經過長時間的演變，變得那樣腐化，影響社會很大。在如此情況之下，有些人起來反抗教會。從反抗強制性的教會權威，連帶着也對當時的教義反抗。所以產生了許多要求，包括對宗教的懷疑，認為信仰系統不是真理。

　　另外，從內在的歷史淵源來探討，即從思想內在理路去看，實證主義最主要的來源是：笛卡兒的知識論。從西方思想史來看，理性的定義實際上有兩個：一個是西方古典與中古的定義（此處是指一部分古典的哲學），從這個觀點來看，所謂理性（reason）是人生而具有的，一種*發現*甚麼是真理或真實（reality）的能力。這個能力就是理性。如果真理出現在這兒的話，我們就知道這個真理是真理。我們原來不知道是因為它尚未出現。不過，當它出現的時候，我們生而具有的理性會使我們發現它、認識它。這真實可以從很多方面呈現。你由東邊看是一個樣子，從西邊看又是另一個樣子。它雖然是以不同的形象呈現它的許多面，然而它本身是一個圓通合理超越經驗事實的最根本的東西。（有時用術語反而說不清，用簡單的話來說：它就是真正最真的東西。）這種真的東西的某些面，在我們人生的過程中出現的時候，我們有本領使我們曉得哪些面是真正真的東西。換句話說："理性"是一種使我們認識、理解真理或真實的本領。這種本領就叫"理性"。

　　但是，這個古典的理性的定義，被笛卡兒的知識論推翻了。笛卡兒的知識論刺激出來另外一個理性定義的興起：理性指的是，人的創造能力 —— 建構新的東西的本領。西方產生了實證主義這項歷史的事實，與笛卡兒的哲學從十七世紀以來在西方佔有重大勢力有密切的關係。笛卡兒的知識論有一種極為精銳的思想（雖然，我並不認為正確），這種精銳思想與古典及中古思想產生了基本的衝突，後來這種精銳的思想佔了優勢。笛卡兒說，作為一個哲學家，他的基本責任是思想，而思想最大的特色是懷疑，他必須懷疑一切可以懷疑的東西。當某些東西禁不起懷疑的時候，那就不是真實了。從各種觀點去懷疑，最後發現有的東西不能懷疑，這種東西才是真的。這種懷疑論從某一個觀點來看，是言之成理的。一般人對於事情常常採用馬馬虎虎的態度，他說哲學家卻不應如此。用他這種普遍懷疑論（The doctrine of universal doubt）來懷疑一切，最後他發現有一點是他懷疑不了的，因此，他認為，這一點是真實的。這一點是甚麼呢？這一點就是：他不能懷疑他在懷疑，所以他得到了一個結論，後來變成了名言："我思故我在"。笛卡兒這個人是真的，還是假的呢？存在不存在呢？他說當他思想的時候，他無法懷疑他的存在，所以他是存在的。在他做懷疑工作的時候——即他在做思想工作的時候——他必須先存在才能懷疑他的存在——至少在他懷疑的那個時刻他必須存在，否則他無法懷疑他的存在。

　　這種思想是很精銳的，但影響卻很糟糕。這種思想的涵義是：甚麼東西都可以被懷疑，只有思想不能被懷疑；所以，思想是宇宙中最重要的存在。根據這個觀點，很容易導向（滑落）到下面的看法：世間的東西，只有經由思想創造出來的東西，才能是真正合理的東西。這個看法再往下推便會產生另外一個觀點：宇宙裏合理的東西，都是由思想所產生的，只有思想本身是創造的泉源，宇宙不是創造的泉源。這樣便出現了笛卡兒式的"建構主義"（Cartesian constructivism）。

　　既然真正合理的東西是經由思想所創造的，凡不是經由思想所創造的是不合理的，所以我們要用我們的思想創造一切，

決定一切。從笛卡兒的觀點來看，一切文化必須經由他所謂的
理性來建造，這樣才能合理。

批判式的理性論

從上面我介紹笛卡兒的"建構論"的口氣，你們可以感覺
到，我是不贊成這種說法的。一些了解我的立場的朋友，也許
會覺得很奇怪，像我這個主張理性，維護自由主義的人，怎麼
不贊成"理性"了呢？事實上，這種"理性"是很不理性的。
（表面上，好像是很理性，實際上並不理性。思想的含意〔思想可
能產生的後果〕常是不明顯的，研究思想問題的趣味就在這裏，
往往表面上看去是合理的論點，如果我們能深入地研究，有時會
發現那是很不合理的。）為甚麼上述的論點並不合理呢？因為
從我所服膺的"批判式的理性論"（critical rationalism）的觀點
來看，那是很不理性的。"批判式的理性論"的基本立場是：
我們必須有效地應用我們的理性能力 —— 包括對於理性本身
效力的實質了解：我們會知道理性本身的能力是有限的。換
言之，經由我們用理性的考察與分析，我們會發現理性的能力
並不像笛卡兒式建構主義所認為的，那樣地幾乎無所不能。我
們必須承認理性是有限的，這才是真正理性主義所應採取的立
場。用學術的名詞來說，即哈耶克與波普爾（Karl Popper）所
謂的"批判式的理性論"。

"批判式的理性論"的論點很多，其中重要的一點是：從
笛卡兒的觀點來看，歷史與演化根本沒有意義，歷史性的存在

不可能是合理的，真正合理的東西，只能是經由理性所創造出來的東西，而歷史中的東西，往往是偶然機遇的結果，大勢所趨的結果，並不是經由思考而得的合理的結果。所以笛卡兒認為真正合理的東西歷史裏沒有。

但，根據批判式的理性論的觀點，笛卡兒的看法為甚麼不對呢？因為笛卡兒雖然強調思想的功能與意義，可是他對思想本身的性質卻並沒有很深切的了解。甚麼是思想？人究竟怎樣想？對於這些問題他根本不了解。他局限於一種形式主義的層次中，把邏輯的論式當做了實質的了解。

那麼，甚麼是思想？思想到底是怎麼一回事呢？任何人進行思考的時候，他必然是根據一些東西來思考的，他不可能憑空思考。思想本身與文化的演進有密切不可分的關係。當我們想的時候，不只是根據我們天生的思考能力來想的，而是與我們的文化有密切不可分的關係的。舉例而言，為甚麼自由重要？為甚麼愛是高尚的？並不是只根據理性就可想出來的。剛才說過，凡人在想的時候，他必需有所根據，沒有任何人能夠不根據甚麼就可以思想的。無論你想得很淺薄，或想得很深刻，你總得有所根據，你一開始想，就得有根據。無論很簡單的思想，或很複雜的思想，這些思想都是根據一些東西想的。當然，你可以想到一個程度，發現你根據的東西不對，可以重新根據新的東西想，可能把你過去根據的東西加以修正或推翻。但是“想”的本身必需在根據甚麼以後才能進行。這種對思想性質的了解產生了甚麼意義呢？這要分兩層來說：第一層是：我們在思想的時候，總是有一個興趣、一個意圖；例如，一個人思索愛的意義的時候，這裏面有許多意圖，他在希望別人愛他，也許強烈地覺得他在愛人。思想中的意圖與關懷用博蘭尼的話來講是"集中意識"（focal awareness），我們意識中有一個集中點。另外一層是，在我們思想的時候，往往受到了我們於潛移默化中所受的教育的影響，用博蘭尼的名詞來講，是受了"支援意識"（subsidiary awareness）的影響很大。一個人在思想的時候，雖然他在想他的意識中集中要想的東西；實際上，後面的根據是他過去在成長過程當中，一些經過潛移默化所得到的東西。

換句話說，這種"支援意識"影響一個人的思想很大。我們可舉許多例子來說明。從科學史上我們發現一個非常有趣的現象。大家都知道科學家是追求宇宙中自然現象的真理的人。然而，不同學派的科學家對於追求真理的興趣和想法有許多不同，你是在劍橋大學受過訓練的物理學家，他是在巴黎大學受過訓練的物理學家，雖然你們服膺共同的定律，有共同的語言，共同的基本訓練，但你們的興趣，探討的途徑，以及在工作時如何發揮你們的本領，這些與你們的學派關係很大。為甚麼會有這樣的不同呢？表面上，一般人認為科學家是追求客觀真理的，又有共同遵守的"科學方法"，思想的風格應該是很一致才對。事實上，並不是這樣。用最粗鬆的語言講，科學家的思想工作是相當"主觀"的，不是實證論那一派所認為的那樣。想出來的結果要加以證明的時候，科學家必須採用共同的語言（如數學等）。但真正的原動力是相當"主觀"的東西，可是他自己並不見得對自己的思想的特性很有了解，因為他相當"主觀"地思索問題的時候，他的注意力是集中在問題的本身，並未集中在他如何思考的身上。實際上，他受了他的學派，以及他跟老師接觸的過程中所得各種潛移默化的影響而產生了自己的風格。另外，在藝術史上也有很多例子，在其他學術史上也有很多例子。

思想受價值系統影響

尤有進者，我們考察思想演變的過程可以得到一個很重要的看法：當我們思想的時候，我們不能避免地會肯定某些東西是對的，某些東西是不對的。換句話說，我們肯定了某些價值，而我們的思想是根據價值系統來運作的。在我們根據價值系統來運作的時候，我們的思想無法把所有的價值拿來加以衡量。我們不可能把所有的價值放在一起，考慮了每個價值以後認為每個價值的確是價值才開始思想的。

我們的價值系統是一個文化演進的過程，在這種過程中我們只能對某一個或幾個單獨的價值根據另外的價值加以辯解或批判。但我們不能把文化演化過程中所肯定的每個價值全部拿來加以批判。假若我們要把所有的價值全部拿來批判的話（認為所有的價值都可能不是價值，我只接受根據我的理性所創造出來的價值），那麼我們的文化將要完全毀滅。我們批評某一個價值，必須根據另外的價值，這些價值不是能夠由自己創造出來的。

根據以上的分析，理性的批判精神只能在文化演變過程之中發揮正面的效果，而不能脫離文化用本身的力量創新一切的價值。假若有一個人認為他的"理性"比所有的人都高、都多，所以他要用他的"理性"創造一個全新的價值系統，這個人將是毀滅文明的暴君。

不能用邏輯發現真理

根據以上對"天真的（幼稚的）理性建構主義"的批評，我們知道"理性"這個東西不是像笛卡兒哲學所蘊涵的那樣；那麼，這個新了解蘊涵了甚麼呢？（一）主觀與客觀不是絕對的對立了。過去說主觀是壞的，客觀是好的，這種淺薄、未經過辨析、教條式的說法，已經不能成立了。不過，請大家要注意，我並不是在這裏提倡與讚揚偏見。我們之所以能成為思想與文化的工作者，主要是因為我們有一種自我反省與批判的能力，有發現自己偏見的能力。沒有這種能力的人，只能自我陶醉，這種人是沒有資格從事思想與文化工作的。我不是在這裏提倡大家要用偏見，而是從嚴格的知識論的觀點指出：所謂主觀，所謂客觀，兩者之間不是相隔如鴻溝那樣。（二）當我們發現"理性"是那樣複雜的一個觀念，而不是像笛卡兒把"理性"騰空以後所給予的形式的觀念時，我們就應該知道邏輯不能做為理性的代表，而且我們不可太注重邏輯的功能。我這樣說並不表示我是要反對邏輯，在哲學上我的師承最初是來自邏輯實證論，所以我對邏輯實證論本身的特性有相當親切的了解。在某一種情況之下，邏輯當然有用；但是，我們要曉得，假若有人對邏輯產生迷信，認為邏輯本身是發現真理的工具的話，這位朋友就錯了。邏輯本身無法發現真理。無法使我們變得更靈活、更有思想。邏輯只是邏輯，是形式的東西。不客氣地講，邏輯本身可說是一個遊戲的規則。你要打籃球，你不可犯規；你做思想工作也不可犯規。但，無論你對球規如何熟悉——即使把球規倒背如流——也與你做一個優秀球員沒有多大關係。當然，也不是一點關係沒有，因為打球時必須合乎球規；做思想工作時，當然要合乎邏輯。但，邏輯本身並不能增加你的思想，這是最基本的一點。下面還有另外一層：邏輯家本身很容易養成心地狹窄的毛病，這種毛病有時很易產生排它性。專研邏輯的人往往沒有豐富的思想，對外在複雜的世界不容易有確切、實質的了解。可是他在有意與無意之間摒除了許多繁複但卻相關的因素之後，容易在自己的頭腦中編織一個合乎邏輯、自圓其說的封閉系統。在這個系統之中，他愈想愈覺得自己的道理是合理的、通順的。那麼在這樣非常相信自己的時候，他有一種拒斥真正有關、真正有用的思想的心理，這是使邏輯家通常沒有豐富與深刻思想的一個重要的原因，所以我們不可太注重邏輯。我來舉一個實際的例子：假若我們問邏輯家："人生是甚麼？"他不能從邏輯上來解答這個問題，他只能用他對人生的了解來做思想的基礎，然後應用邏輯使他的了解在演繹過程中不矛盾，所以邏輯家的思想也要根據他的文化素養，也要根據他對歷史、政治、社會、經濟的了解來做思想的工作。（除非他只做邏輯符號的演繹，那是他的本行，那是形式的，與我們所關心的文化與思想工作沒有甚麼關係。）然而，他因為做的是邏輯的研究工作，本身常有拒斥外在世界複雜性的傾向，因此，他對社會、文化與歷史的了解往往是非常單面的，單簡的。假如一件事有五個相關的因素，但他只知道其中的兩個，另外三個相關的因素他在思想的時候並未顧及，因為他根本不知道，那麼他想的結果當然注定是錯誤的，注定是有偏見的。雖然從他的觀點來看很合理、不矛盾，而且很有系統。

以上是從理論上分析而言。如以實例，我們可以羅素為例來說明特別相信邏輯沒有甚麼好處，在思想史上、哲學史上，凡是對邏輯有重大貢獻的人，除了有幾個例外以外（如懷海德〔Alfred Whitehead〕），大部分都是很淺薄的思想家。國內多年來有不少人讚揚羅素；但，羅素的思想除了大方向因承襲了一個文化傳統，不可輕視以外，他思想中的細節與論式大部分是很淺薄的。但他卻老是認為自己很合理，他把許多複雜的關係化約得過分簡單。應該關照到七、八項因素，但他卻根據兩、三點去思考了，愈想愈合理，他懂邏輯而且非常聰明，所以想出來的結論可以用自認為合乎邏輯的形式表達。其實他的知識論是過分簡單的，他的社會哲學更是過分簡單的，他的科學底哲學也是過分簡單的。他一開始把事情看得很簡單，當然他會覺得他思考而得的結論是很合理的。（但，我們為甚麼多年來總是有人要提倡羅素呢？除了我們對西方的繁複的問題缺乏實質的了解以外，可能與我們對"科學方法"產生了迷信有關。我們認為他是邏輯大師，懂得"科學方法"，他說出來的話，自然是"科學的"了。）

真正的理性態度

在結束這次講演之前，我要談一點我特別關心的事情：假若我們不再相信邏輯會帶來太多的好處，假若我們相信思想必須有豐富的根據，價值觀念不能整體的創造，我們只能根據另外一些價值批判某一個價值，所以價值的系統是一個演化的系統，而不是一個唯理或先驗的系統，那麼我們應該用甚麼態度從事思想與文化建設的工作呢？換句話說，當我們從事思想與文化建設工作的時候，甚麼態度才是真正理性的態度？我要提出的看法，以前在別處也曾說過，但我覺得仍有重述的必要。我們的文化有許多危機，這一點大家沒有甚麼爭論。我們傳統的文化秩序已經解體了，雖然傳統的文化成分並不是均已死滅。在傳統文化的秩序解體以後，我們與傳統的關係，因為系統已經沒有了，是一種餘存成分之間單體與單體的連接，而不是系統的連接。在這種情況之下，我們自然在與西方思想、西方的學說接觸的時候，顯得力量薄弱。好像兩個球隊在比賽的時候，因為我們本身的計劃已經沒有了，雖然我們隊員的本領不錯，至少不比對方差，我們的體力也可以，我們的頭腦也夠用，但因為本身沒有一個系統性的打球計劃，而對方並不見得比我們強，但他們卻有一套系統性的打球計劃；因此，兩隊接觸的時候，我們就顯得很薄弱無力，產生了很多比較令人覺得遺憾的事情。舉例而言：我們了解西方常常產生很多口號式的望文生義的"了解"，包括不少大家知道的學者在內，往往一與西方接觸，因為我們沒有一套系統作為根據，常常被別人的

"系統" 所鎮懾。人家有一套，我們沒有一套，因此，我們一接觸對方，便發現他那一套好像很行，很神氣。但實際上他那一套可能有很多錯誤，很多問題。在這種情況之下，我們應該怎麼辦呢？這當然是極為複雜的問題，不是一兩句話可以解決的。但，我想提出一個觀點，這個觀點我覺得至少比過去的辦法要強一些。

先讓我用一個實例說明：假若一個台北人的其他條件與一個外地的人都一樣的話，他對台北的了解多半比較多。(當然，一個台北人對台北不關心，當然不見得對台北的問題有深刻的了解；但，那是另外一個問題。) 所以，我們佔有一個優勢，就是我們對我們自己的問題的具體性與特殊性感受的比較深，雖然我們可能對之想得不夠清楚。因此，用具體的感受作我們的起點，把所有其他學到的東西做為參考，以這種態度進行文化的建設，比囫圇吞棗式引進別國的學派要比較實在，比較更有創造性。

以上我所談的，不是要完全反對一般人所說的理性，而是想用一個知識論與思想史的觀點來對理性加以更詳切的界定，希望把我們的思想弄得更靈活一點，把我們的心靈弄得更開放一點，使我們更能接近一點我們自己的問題。

討論

問：真理是不是相對的？

答：真理常常在演變之中，並不蘊涵真理是相對的，我前面談的如用斷章取義的辦法來了解，很可能得到真理是相對的誤解。因為，如果真理只是演變的結果，各地都有不同的真理了。中國有中國真理，美國有美國真理。事實上是，雖然追求真理必需有根據，而這些根據與我們在潛移默化中所得到的文化素養有深切的關係；但，這並不表示我們的真理不能與另外一個文化裏的人，根據他們的"支援意識"與具體問題所演變的"真理"互相溝通。雖然我們來源不一，但常常產生許多共同的結論，以世界的眼光來看各國思想史，有意思的地方就在這裏。可見真理不是相對的。是不是絕對的呢？真理的具體內容在時間之內還會演變，但歷史的演變有其連續性（continuity）和不同文化之間的共同性。不過，我的這些話所蘊涵的 ——真理有其永恆與普遍的意義 —— 卻與笛卡兒式從文化與歷史中騰空，不理文化、不理歷史，由頭腦中想出的自認是超越時空的真理不同。

問：請略述您對自由主義的看法及其意義。

答：這個問題太大，但我非常關心這個問題，所以還是要講一講，但只能講一點，當然不能圓滿。自由主義主要是一種discipline（鍛煉出來的素養），包括 discipline of freedom（自由的素養）與 discipline of reason（理性的素養）。自由主義絕對反對隨便要做甚麼就做甚麼，像俄國十九世紀的虛無主義（認為任何事，都是可以做的），是自由主義絕對反對的。自由主義認為那是自由主義內在的敵人（因為他們也講自由），是藉自由之名對自由的誤解與斲喪。為甚麼呢？首先，自由主義當然要反對妨害別人自由的"自由"。進一層說，為甚麼自由不是放縱——不是愛做甚麼就做甚麼？因為真正自由的感受是建立在創造的、心靈開朗的過程之中。人生的幸福在於享有自由，有了自由才能創造，在真正的創造的活動中，人才能真正享有自由，才覺得自由意義的可貴。思想上的創造，藝術上的創造，都需要以文化的素養為其基礎才能進行，而文化的素養必須建立在對純正的權威的信服之上（對於文學工作者而言，如莎士比亞、陀思妥耶夫斯基、杜甫、李白），所以自由與權威的關係甚為密切。自由需要純正權威的滋養，才能有意義。

問：以先生之見，曾受實證主義影響甚深的社會科學應該如何？

答：這個問題很有趣味，可惜在這裏不能細談。第一，先把受實證主義影響的基本假定放棄，以具體的問題為主，來進行切實的研究。過去受實證主義影響的行為科學產生了不少危機，行為科學本身強調自己是真理的化身，例如帕生思（Talcott Parsons），認為他的理論是普遍的真理，用他的理論可以了解所有的社會。結果我們發現他的那一套不但不是真理，反而是美國中上階級利益的代言而已，他的書是在有意無意中為了維護階級利益而寫成的著作。現在我們如何不落入他所落入的圈套呢？最基本的：要用批判的理性做反省。反省自己視為當然的前提。愈能反省自己的前提，愈容易有創造性。愈容易接觸自己具體與特殊的問題，便也愈能產生比較合理的理論。不過，許多行為科學家們所做的實際調查與報告，並不牽涉到複雜的理論問題，只要他們用嚴格取證的方法——關鍵在於他們問卷的設計是否能夠取得反映事實真相的問題，其貢獻是應該肯定的。因為任何高深的理論，必須依據對於事實真象的了解。

問：近代中國受西方衝擊之下，似乎當時學者之"固有理性"崩潰無遺，而總想為中國找到一條出路。前些日，有學者批評近代知識分子對中國毫無貢獻，甚至將中國帶上混淆意識之途，請問林教授看法如何？

答：這種看法我覺得不太公平吧？並不是過去的知識分子都毫無貢獻。拿胡適之先生為例，雖然我批評他批評得很厲害，但，實際上，他的一些貢獻應該加以肯定，包括那幾篇帶動白話文運動與文學改革的力作（雖然，其中的論證在學理上可以討論）以及在"問題與主義"之爭中，他的說法很有"責任倫理"的內容，等等。我們現在批評他，不是說我們了不起，他不行。而是站在關心中國未來的立場，對他批評不是說他不行，而是說他受了歷史的與個人的局限，在他底思想中發生了許多問題。我們要往前走，不要老是往後看——在檢討他的思想的缺陷後，使得我們容易往前走。他有他的意義，有他的貢獻。以上是從歷史觀點來談。另外，即使從我們關心的當前問題來說，胡適之先生也有他的貢獻，他不完全只有歷史的意義，他並不是只屬於歷史不屬於現代。我雖然覺得胡先生對於科學的看法非常錯誤。但是，胡適等人寫的《人權論集》到現在還有意義。他多年來主張人權、主張自由、主張憲政，這些前瞻性的主張基本上是正確的。他一生的言論與著作不是一點意義也沒有。梁啟超有梁啟超的貢獻，王國維有王國維的貢獻，不能說近代知識分子對中國毫無貢獻。當然他們的思想不能說與現在中國思想的混淆沒有關係，我們也不必為他們推卸責任，但不能說他們毫無貢獻。那一句話不知是那位先生說的？那種說法，我覺得是很不理性的。我非常反對這種煽動式的說法。

問：自由主義能否在中國生根？開放的心靈所需的條件為何？今日儒家所面臨的問題為何？

答：自由主義當然是非常繁複的，有許多層面。中國自由主義到現在為止尚未產生像康德、哈耶克、博蘭尼寫的那樣偉大的鉅著。這一點不必否認。但是，有一點令我們關心中國自由主義發展的人感到高興的是：在運作層面，至少年輕一代對於下面一步應該怎樣走已經得到了相當共同的了解，這一點不能不說是一項很大的進步。能走多遠，需要許多主觀與客觀因素的配合，另外還包括運氣好不好這個因素。但下一步究竟如何走已經沒有甚麼特別的爭論了，我們已經有了相當的共識。舉例來說，包括各方面的人，即使反對自由主義的人，大家都已公認應該有法治，而"法治"不是"法制"。（法治是"法律主治"，這是我們共同贊成的。我們知道以推行法律達到政治目的的"法制"不是法治。）在法治之下，任何人，包括政府機關與首長，均需服從法律。法律應該獨立於政治與行政系統。另外，我們知道，民主政治是議會政治，即使嘴上不講自由主義的人，很少人會說民主政治用不着有議會。很多年以前也許還有這種說法，現在已經沒有這種說法了。我們主張尊重人權，主張民主制度中的制衡。這些，基本上已經得到共識。這不能不說是一項成功。

問：據林教授的論斷：人不能（或很難）充分利用先天的理性對於一切價值系統作一真正準確的衡量或批評，似是一種"存在決定意識"的觀點？不知以為然否？

答："根據"並不是"結論"，在邏輯上，這是很清楚的。你的"根據"並不一定決定你的"結論"。想的時候，總需有根據，但你還是要想啊！不是只憑根據，就不必想了。想的過程，自然是創造的過程。（除非偷懶，但那是另一個問題。或者，你的訓練不夠，根本不能想，把"根據"硬當做"結論"。）所以，不是"存在決定意識"。反而，因為特別注重理性的創造力，所以我特別注重自由，這才是我的看法。

問：笛卡兒的"理性論"對人類文明成就有何意義？

答：笛卡兒在數學特定範圍之內，當然有大家都承認的貢獻。但我的立場是要對他採取嚴格的批評。他的"理性論"可

以説是近現代西方文化危機的最重要的源頭之一，如果他有
"貢獻"，他的"貢獻"就在這兒！

問：您對柯靈烏（R. G. Collingwood）之言："一切歷史
皆思想之歷史"有何看法？

答：這種口吐真理式的名言，我認為並不適合我們。我們
做學問的時候不能用口吐真理式的名言做依據。所以這種話，
我覺得沒有太大意義。當然，從柯靈烏的哲學觀點來看，也不
是一點意義沒有。但是當我們對我們關心的問題進行思考的時
候，我們不便參考這類的話。"人類的歷史皆是思想的歷史"
這句話對不對呢？有點對。錯不錯呢？也很錯。人類的歷史當
然不只是思想的歷史。當然與文化、政治、經濟、社會的演變
都有關係，而文化、政治、經濟、社會的發展不是思想所完全
決定的。思想不能完全決定政治，政治也不能完全決定思想，
彼此是相互影響的。各種在歷史上的因素相互影響的過程是複
雜的。但，從某一個觀點來看，他說這句話有他的立場，這種
立場我們可以批判或參考；但，從我們所關心我們自己的問題
的立場來看，如硬要把這類話當作我們思考問題的前提，那麼
我們很難避免形式主義的謬誤。

問：您剛才説我們想東西必須憑着甚麼才能想，那麼我
們怎樣對"所憑着"的加以檢討 —— 檢討也是想，也是憑着
那些憑藉在想。如何可能既是檢討者又是被檢討者？

答：我憑藉一些東西想，可以檢討另外的"憑藉"，就是不

能憑空想。當你文化素養高的時候,你會發現你所憑藉的東西比較多。必須"憑藉"着想,並不表示沒有思想的自由,您憑着 A 可檢討 B,憑着 C 可以檢討 A,另外,憑着甚麼並不表示您憑着的東西一定是你的結論,在過程中有自由在內,所以有創造的可能。(這裏所謂的創造是文化演化觀下的創造,不是笛卡兒式超越文化環境的"創造",那種"創造",在人文世界中只有壞處,沒有好處。)

問:存在主義對"理性"的看法如何?

答:各位如果對西方思想史有些基本認識的話,從我剛才對理性的討論中,會知道我是相當反對某些西方存在主義的。為甚麼呢?理由很多,現在只能談一點。存在主義說它是主張自由的,它主張的自由才是真正的自由。如沙特 (Jean-Paul Sartre) 對自由的辯護。但他們強調的自由實在很不通。因為他所主張的自由不根據甚麼,只根據"存在"。只要他決定做甚麼,他就應有自由做甚麼。他無論選擇做甚麼或要做甚麼,只要選擇了那件東西、或做那樣的事,那件東西或那樣的事就是有價值的。他當時的想法就是當時的存在,這個存在就是價值的來源。所以沙特說,價值,終極地說,是非理性的。但,照我的看法,自由必須有根據。根據合理的準則才能自由。但他所謂的自由卻不根據甚麼,只根據他的"存在",所以他所謂的自由破壞了我所謂的自由。以上是我們在理論上的不同。我主張的自由主義是根據文化的素養,對歷史的發展有敬意,認為過去的努力不是沒有意義,所以肯定文化與價值的連續性,我們對過去的錯誤要檢討與批判，但我認為人類的歷史並不是一個笑話，我不認為過去的人都想錯了，只有我才想得通。但存在主義不持這個態度，存在主義認為只要我想甚麼，我的想法本身是一種存在，所以就有意義。這種想法產生了"道德的顛倒"（moral inversion），這種想法直接導向虛無主義（nihilism），對甚麼都不相信，只相信自己的想法，只要想了，就是對的，他們認為真正的自由是愛想甚麼就想甚麼，愛做甚麼，就做甚麼。從這個觀點，當然會不尊重人類過去的歷史，當然是近代西方文化危機的一個表徵了。

問：您在批評邏輯實證論時，提到"他們所謂的事實"是何意？邏輯是遊戲規則，不能增加我們的思想。您所謂"增加我們的思想"是何所指？指增加我們未知的新的經驗的命題，還是指別的？

答：邏輯實證論對事實的看法是很天真的，它認為感官所接觸的東西是"事實"，感官不能接觸的東西不是事實。這種看法太粗陋了。舉例而言，邏輯實證論很難解釋道德，它認為道德本身是情緒。我絕對不能承認這種看法。我願意與他們辯論這一點。我認為道德本身是宇宙的實在（reality），不是情緒的問題。至於如何增加我們的思想，我剛才已經談到了，是要增加我們經過鍛煉出來的理性的素養與鍛煉出來的文化的素養，要**具體地**關切自己文化、社會問題。從這個觀點來接觸與了解與我們問題有關的、可資參考的學問。這樣走就可把路走正了。

　　問：在我們的支援意識相當薄弱、貧乏之際，在運用理性解決具體問題時，是否會因而受到很大的遮蔽？我們當如何豐富我們的支援意識呢？

　　答：我們的"支援意識"的確相當薄弱、貧乏，之所以如此，當然與學校教育有關，與我們填鴨式的考試有關，與我們的升學主義有關。但，怎麼辦呢？並不是沒有辦法。辦法是：慢一點。我在別處曾提倡"比慢精神"。我們不能太着急，着急反而容易變成教條主義者。我覺得台灣各方面都太着急。文化界也在着急。着急寫，着急出版，這樣做法，很易變成在平原上騎馬繞圈子，弄得人馬皆憊，而毫無進境。慢一點反而好。例如：別人花半個鐘頭看完一篇他喜歡的文章，你卻花三個鐘頭看完這篇文章，而且過幾天還要看第二遍；別人花一個禮拜看完《戰爭與和平》，你卻花兩、三個月才把它看完。結果你的"支援意識"反而比那個看了許多篇文章，許多本小說的人要多多了。

　　問："無規矩不能成方圓"，邏輯既是思想的規矩，縱不能產生真理，但，不可否認邏輯是產生真理的方法，應該注重且講求推演才對。

　　答：這個問題與我前面談的正好相反。邏輯不是"產生真理的方法"。邏輯本身只是一個思想的規則，服從"規則"不能"產生"甚麼東西，不能取代思想內容。打球是打球，規則是規則，一個球員無論規則背得多熟，並不能增加他打球的能力。懂得規則容易使他不犯規而已。我並不反對邏輯，也不是不注重邏輯。規則不懂，打球時常犯規，被罰下場，連打都不能，遑論打的多好了。但規則無論學得多好，還是規則，不是打球，還是沒有辦法產生思想。我並不是說我們要不管規則，亂打一通，或亂想一通。請大家注意，我不是反對邏輯，我只是說它有局限性。太提倡邏輯反而容易使思想變得貧瘠、形式化。

問：精神的理性與物質理性是否可以相提並論？比如：實證科學與精神哲學能否相互驗證。

答：與這個問題有關的一點，我可以在此說明一下。二十世紀初西方一位重要的社會思想家韋伯（Max Weber）提出一種理性論（他的理論近年來在國內也有人介紹）。他區分理性為兩種："工具理性"（zweckrationalitat - instrumental rationality）與"價值理性"（wertrationalitat - value rationality）。"工具理性"是用理性的辦法來看甚麼工具最有效，以便達到我們（無論是否合理）的目的。假若一個人要賺錢，用甚麼辦法最能使他賺錢，就應採用這個辦法；諸如講究企業管理、成本會計、資本累積、職務分工、用人唯才等等。換言之，考慮並採用最有效的手段以達到一個目的是"工具理性"。我們可以說現在美國社會很有效率，美國人的"工具理性"很強，很有發展。但"工具理性"的發展並不表示一定可以促進"價值理性"的完成，有時反而使"價值理性"更不易完成。"價值理性"是根據我們認為合理的價值與方法努力達成合理價值的活動。從"價值理性"的觀點來看，它所持有的道德、宗教，與美的價值，既然是理性的，所以是絕對的；追求這種價值的實現的理由來自這些價值本身，所以為了這些價值之實現的努力應是無條件的。"工具理性"發展的地方從"價值理性"的觀點來看，並不一定是很理性的。例如，資本主義過分發展的美國是一個"工具理性"甚為發達，但"價值理性"卻甚為萎縮的國家。總之，在理論上，"工具理性"並不蘊涵"價值理性"。

問：誠如您所說，今日我們所要求的理性乃必須基於固有文化，而發展出來。但對於這樣的論點，除了以往歷史所提供給我們的驗證外，是否還可以找到其他更有力的證明？

答：我並沒有說"我們所要求的理性必須基於固有文化"。這樣的說法對我的意思有相當大的誤解。固有文化中糟糕的地方甚多，大家都知道，我不必在此贅述。我們不能發揚固有文化，而且裏面好的東西是否能夠被發揚，還是問題，因為時代不同了。我們必須對中國傳統進行我這些年來一再提倡的"創造的轉化"。"創造的轉化"是一個相當繁複的觀念：第一，它必須是創造的，即必須是創新，創造過去沒有的東西；第二，這種創造，除了需要精密與深刻地了解西方文化以外，而且需要精密而深刻地了解我們的文化傳統，在這個深刻了解交互影響的過程中產生了與傳統辯證的連續性，在這種辯證的連續中產生了對傳統的轉化，在這種轉化中產生了我們過去所沒有的新東西，同時這種新東西卻與傳統有辯證地銜接。

修訂於 2015 年 5 月 14 日

原載《中國時報》人間副刊 (民國七十一年 (1982) 8 月 2-8 日)

論自由與權威的關係

一

　　自"五四"以來一般中國知識分子多認為自由與權威是不相容的。自由不但不依靠權威，而且是要從反抗權威的過程中爭取得到的。他們這種看法，凡稍知中國近代思想史的人，當然都能給予很適當的解釋：自"五四"以來中國最有實力的思想與文化運動是反抗傳統權威的思想與文化運動。（保守運動往往是對反傳統運動的直接回應，可見反傳統運動影響力之大。）在"五四"前後，中國進步的知識分子，在接受了他們所了解的西方現代價值（自由、民主、科學、進步）以後，發現圍繞着他們四周的舊風俗、舊習慣、舊制度與舊思想，都是與他們所接受的價值不能相容的，所以如果要使這些新的價值在中國社會中生根，他們認為必須將那些支持舊風俗、舊習慣、舊制度與舊思想的權威打倒不可；如此，保障人的尊嚴，使人的思想與情感得以合理發展的新價值與新觀念，才有希望在中國發榮滋長。我在別處曾詳論五四時代激烈反傳統主義的種種，在這裏我所強調的是，雖然這個運動的產生有其歷史因素，而一般人都不容易超越歷史的環境，因此我們對五四人物不必責之過甚；但，有思辨能力的人並不一定也不應該只做歷史環境的應聲筒。所以五四時代主張"全盤性反傳統主義"的知識分子是無法對其言之過甚的主張之缺乏反省完全辭其咎的。不過，從歷史發展的大方向來看，反對傳統權威的運動之所以能夠那樣地如火如荼，不能不說是與中國傳統中各式各樣的權威變得過分僵化與頑固有很大的關係。這種歷史的包袱是很不幸的。事實上，自由與權威是相輔相成的。合則兩美，離則兩傷。但，在"五四"的前後，傳統的權威既已那樣地沒有生機（倒不完全是因為與西洋的價值與觀念過分不同的緣故），所以五四人物覺得如果要使中國人接受自由、民主、科學、進步等新價值與新觀念的話，就非先從這些壓迫他們的傳統權威中解放出來不可。因此，傳統的權威與新的價值被認為是敵對的了；在這種情況下，自然很少人會探究它們之間所存有的微妙的相輔相成的關係。

　　另外，五四人物所接受的西方文化是十八世紀啟蒙運動的主流，及其二十世紀的代表（實證主義與實驗主義）。它最大的特色是基於對於"理性"特質的誤解而產生的兩項禁不住嚴格批判的主張：（1）對傳統權威的反抗；（2）對未來的過分樂觀（認為未來一定比過去要好，人類歷史一定是進步的，反映在胡適的言論中，則是他所謂的"不可救藥的樂觀"）。這兩項啟蒙運動的主張，當然也有其歷史因素。簡單地說，法國啟蒙運動的前身是英國的自由運動。英國的自由運動可分兩支：（1）反對權威的自由論──科學的真理只有從亞里斯多德的權威下解放出來才能獲得。如果每個人都被允許自由發表意見，真理便會在這種自由競爭與切磋中，以其言之成理的論式壓倒反對者而成立；（2）哲學懷疑論——在宗教信仰上，我們無法確定哪一派是真的；所以，如洛克所主張的，應該彼此寬容。這種英國的自由論傳到十八世紀的法國，因受法國本身文化傳統的影響，被推展到了極端。從哲學的觀點來看，十七世紀以來法國本身文化傳統的主流之一是：笛卡兒的理性建構主義，或唯理建構主義（Cartesian rationalist constructivism）——這種思潮遂把從英國傳來的自由論法國化了。

笛卡兒認為一個哲學家的基本責任是思想，而思想最大的特色是懷疑，他必須懷疑一切可以懷疑的東西。當某件東西禁不住懷疑的時候，那就不能認為它是真的。從各種觀點努力去懷疑，最後發現有的東西無法再加懷疑，這種東西才是真的。這種懷疑論從某一個觀點來看，是言之成理的。一般人通常是馬馬虎虎的，哲學家卻不應如此。笛卡兒用他的普遍懷疑論（the doctrine of universal doubt）來懷疑一切，最後發現有一點，他懷疑不了；因此，他認為這個東西是真實的。這一點就是：他不能懷疑他在懷疑。所以，他認為"我思故我在"。笛卡兒這個人是真的還是假的呢？存在不存在呢？他說當他思想的時候，他無法懷疑他的存在，所以他是存在的。他思想的時候，他是在做懷疑的工作。他在做懷疑工作的時候，他必須先存在才能懷疑他的存在，至少在他懷疑的那個時刻他必須存在，才能懷疑他的存在。至於他是否真的存在？他不知道。但至少在他懷疑他存在的時候，他必須存在，否則他無法懷疑他的存在。這種思想是很精銳的；但，影響卻很糟糕。這種思想的涵義是：甚麼東西都可以被懷疑，只有思想不能被懷疑；所以，思想是宇宙中唯一存在的東西。根據這個觀點，很容易導向（滑落）到下面這樣一個看法：世間的東西，只有經由思想創造出來的，才能真正的合理。這個看法再一滑落便會產生另外一個觀點：宇宙裏的東西，都是由思想產生的，只有思想本身是創造的泉源，宇宙不是創造的泉源。這樣便產生了笛卡兒式的"建構主義"。既然真正合理的東西都是經由思想所創造的，凡不是經由思想所創造的都是不合理的；所以我們要用我們的思想的根源 —— 理性 —— 來創造一切、決定一切。從笛卡兒的觀點來看，一切文化必須經由他所謂的理性來建造，這樣才能合理。因此，笛卡兒式的"理性"變成了超文明的主體，既然理性是每個人生而具有的，所以人應該應用理性 ——人類真正的資源 —— 衡量一切、創造一切。任何權威皆不可恃，理性是唯一的權威；所以從笛卡兒的觀點來看，歷史是沒有意義的。再加上法國教會的權威相當龐大而專橫，建基於理性而對於教會的反抗，變成了正義的吼聲。另外，法國啟蒙運動的人物多半不是真正的科學家（數學除外），他們一方面對科學研究的本身性質不甚了了，另一方面卻非常驚異與驚羨自然科學中他們所認為的理性運作所帶來的輝煌成果；因此，對於未來自然科學研究與他們所強調的，應該應用自然科學方法的社會科學研究，產生了無比的樂觀。例如 Baron d'Holbach 在1770 年曾說：人之所以困苦，是因為無知的緣故。所以在思想自由的環境中，只要運用理性，人類便可從貧窮、仇恨、欺

侮中解放出來。從這種觀點來看，多半依附傳統而構成的各種
權威，便變成了進步的絆腳石。所以，法國啟蒙運動基本上是
反權威的。五四人物，直接或間接地接受了這種啟蒙運動主流
的意見，以為它是西方的進步思想；他們自然更理直氣壯地反
傳統、反權威了。

二

　　然而，自由與權威的關係是不是就像五四人物或啟蒙運動
主流所說的那樣呢？要答覆這個問題，我們應該先探究一下自
由的真正意義與權威的真正意義，以及我們之所以要爭取自由
的理由，和在何種社會、政治與文化的條件下才能獲有自由。

　　自由可分為外在的自由與內在的自由。外在的自由指
的是：個人在社會中的行為所遭遇到的外在的強制壓力
（coercion）已經減少到了最低程度的境況。這種英國式對自由
所下的消極的（negative）定義，從來不是一個絕對的觀念。自
由當然不包括使別人沒有自由的"自由"。為所欲為的放縱不
但與自由絕不相容，而且是自由的大敵。所以，自由與法治是
不可分的。應用羅爾斯（John Rawls）較為積極的話來界定自
由，則是："每個人均平等地享有最廣闊的基本自由的權利，
但這種享有基本自由的權利必須與別人享有同樣的權利是相容
（不衝突）的。"另外，自由與責任也是不可分的；如果自由不
與責任並談，則自由的理想便變得毫無意義。一個人如果對自
己的行為不能負責，換句話說，他不能根據經驗事實以他所能

預見或想像得到的行為後果來考慮應該怎樣做的話，那麼，談論自由的理想，實是一件很可笑的事。這不是說人可超越社會與文化的影響，而是說人在社會中的行為，能夠因考慮與預見不同的可行途徑的後果而決定取捨。所以自由主義者一定肯定人類具有理知與道德的能力。（此處所謂的理知是：認定人基本上有思辨與學習的能力；思辨是指推論與知道思想的連貫、一致或矛盾的能力。這裏所謂的“理知”與笛卡兒的唯理建構主義中所謂的“理性”應做一嚴格的區分。又，此處所謂的道德是指個人的道德是指個人的道德〔personal morality〕，如愛心、同情、守信、誠懇等。）

　　甚麼是爭取外在自由的基本理由呢？我們首先要強調的是：從肯定人的價值的觀點來看，換言之，從道德的觀點來看，我們必須爭取外在的自由。當社會上的每個人，不論貧富、出身、才智、教育程度、性別，均受法律的公平保障，均可不受別人意志的干涉，自己在法律的範圍內可以自由自在地做自己所要做的事的時候，這個人才不是別人的工具，他的生命才有道德的尊嚴。一個人生活在世界上，不應做別人的奴隸，社會中的人際關係，基本上，應該是一個道德的關係，在這個道德的關係之中，每個人都是目的，不是手段。這個社會就是康德所謂的“諸目的的王國”（Kingdom of Ends）。一個社會如果沒有法治，在這個社會裏的人，便不能是諸目的組成的王國裏的一分子。基於上述的理由，我們要爭取外在的自由。

　　其次，爭取外在自由的主要理由是：在這種自由的社會裏，文明較易進步。因為自由的社會是最能受惠於知識的社會。換句話說，從有效地享受知識所帶來的好處的觀點來看，自由的社會是一個最有組織、最有效率的社會。許多人認為自由是散漫的，愈有計劃、愈加管理的社會才是愈有效率的社會。但事實的真相，卻正相反。不由政府加以指導與控制的自動自發的社會秩序（spontaneous social order）反而是最有效率的。這項頗為辯證的（dialectical）事實，以哈耶克先生多年來的論著解釋得最為透徹。

人類知識的進展常常受到不少偶然因素的影響，這些因素是無法預知的。其次，無論才智與毅力的多寡，每個人所能知道的東西都有限，所以無法預知整個知識領域進展的遠景。更精確地說，人不是上帝，他的心靈只能在社會與文化的演化過程之中活動，不能站在這個過程之外全知一切。因此，如果允許每個人在遵守普遍的與抽象的規則（rules）的前提之下，在知識與訊息可以自由流通的社會之中，根據自己現有的知識對自己所要解答的問題，以自己的理智來決定如何追尋答案，這種辦法從個人的與社會的觀點來說，都是最有創造性、最不浪費的。從個人的觀點來說，他可以自由地做自己所要做的事，不必花時間與精力去做不相干的事，他的情緒容易高昂，可以加倍地努力。

從社會的觀點來說，表面上好像是各自為政、散漫而零碎的知識，由於自由社會的基本原則必須是使知識與訊息自由地流通，如此每個人都可根據自己的需要，以最有效的方式高度利用各方面的知識，這樣反而使得社會中的知識極有效率地組織起來，得到了最高的發揮。顯然得很，自由的社會不是紊亂的社會，而是很有秩序的社會。這種自由的秩序是自動自發地演化而得的，不是任何人設計出來的。這種秩序的整體運作不是由感官可以觀察得到的，它是一個經由推論所得知的抽象的秩序（abstract order）。經由自由的原則，社會得以發展成為極為複雜的秩序，愈複雜愈分工，每個人所能做的事愈有區別，每個社會成員愈能獲得更多的服務。

　　一個經由中央計劃一切、指導一切的社會，其最大的弱點是：無論任何一個人或一組人，即使懷有最大的誠意與決心，他們賴以計劃的知識是註定極有限的。他們對下屬某一階層的指示，比這一階層的人在知識與訊息自由流通的情況下，根據自己對工作需要與問題的理解所提出的對自己現有問題解決的方案，要貧乏而無當得多。這是假設在中央從事計劃的人，一心一意要想做好的結果。事實上，權力使人腐化，作威作福、頤指氣使慣了，在上的人所做的指示不但因知識的貧乏而不當，而且會因自身的腐化，在未使用有限的知識之前，即已把應做的事扭曲了。結果是下面的人為了生存，需花許多時間與精力設想種種辦法應付上面的指示。這種應付往往是與等待解決的問題的本身甚少關連。職是之故，任何中央控制地方的經濟與社會必然會有許多無謂的浪費，必然是沒有效率的。

　　那麼，尊重人的尊嚴，並使文明最易進展的自由社會究竟如何才能建立起來呢？前已提及，在這種自由秩序裏的人必須遵守普遍的、抽象的規則（rules），否則他們彼此的行為不但不能相互為用，而且會相互抵銷。所謂＂普遍的＂是指規則的應用不分等級，一視同仁；所謂＂抽象的＂是指規則沒有具體的目的，也不能加以形式的明確說明；但，人們遵守以後卻可根據自己的意圖與知識，達成自己的目的。那麼這些規則是如何得到的呢？基本上，它的傳承是要依靠一個穩定而不僵固的傳統架構，而在這個傳統的架構中，學習這些規則的人的主要工作是：學習與模仿工作範圍內他所信服的權威人士的具體行為所展示的風格。因為抽象的規則無法形式化，所以在學習它們的時候沒有按圖識路、明顯的步驟可循。此處所要特別強調的是：學習這種抽象的規則主要是需要與具體的實例接觸才成。對這項辯證的事實，博蘭尼（Michael Polanyi）與哈耶克兩位先生的說明最為深切、精闢。以博蘭尼的名詞來說，這種學習是在潛移默化中與規則的具體實例接觸後，使它們變成支援意識（subsidiary awareness）的一部分。一個人在集中意識（focal awareness）中想要解決問題的時候，這些在支援意識中的規則便產生了它們的作用。

一個人從學習的階段進展到有所主張，有所創造的時候，他是不是就獨立於權威了呢？關於這個問題，我可用科學家的工作性質與同僚的關係來做一點說明。科學家最主要的工作是要對宇宙的自然加以了解，但每個科學家所能精確知道的自然世界卻很有限，他的研究工作必須依賴其他成千成萬的科學工作者研究的成果才能進行；可是這些成果是否正確，他卻既無時間也無能力加以鑒定，所以他必須承認他們的權威性。而他自己的研究成果，也是在許多其他研究工作者未對之加以鑒定而被承認其權威性的。在承認相互權威性（mutual authority）的前提之下，為了幫助自己研究的進展，每個人根據自己的需要與興趣學習與研究別人的貢獻的某些方面，此種研究是未經中央機構指示、自由地進行的；而這種學術的自由，主要是以相互權威性的傳統結構為基礎的。

科學家的社羣在"相互權威性"的基礎上演變出來了一套約定俗成的衡量科學貢獻的標準，這種標準，既然變成了一個傳統，當然有其保守性，此種保守性保障了科學界的穩定，否則科學界將被各種大膽的假說所沖毀，學術的討論在漫無標準的情況下，也無法得到豐碩的成果。但，這種保守性是不是對原創理論產生了拒斥作用呢？科學史上有些例子使我們知道，過於超越時代，特別尖銳的原創理論在提出來的時候，有時是會遇到很大阻力的。但，如果這種原創理論在解釋"真實"上的確有其獨到之處，早晚會被別的追求科學真理的人所了解、所肯定。這是由於許多人無法抗拒它的真理性。科學界的"相互權威"無法變成絕對權威，"相互權威"不但允許科學家的學術自由，而且是學術自由的最主要的基石。在自由研究的氛圍中，更能展現宇宙真實的新理論，在它所能解釋或解決的新的問題漸被其他科學家意識到的時候，早晚要被別人肯定而產生突破性的影響的。

三

以上說明了外在的自由與權威相輔相成的關係，這裏所謂的權威——維護自由的法治中法律的權威與促使文明進步的普遍與抽象規則的權威——都是傳統中演化而成的。不過，有了外在的自由以後，人是不是就有了內在的自由呢？如果一個人的內在意識被怨恨、恐懼與無知所佔據，無論外在自由的架構多麼完美，他仍然是沒有自由的。一個人只有在他對生命有清楚的自覺、對生命的資源有清楚的自知的時候，才能發展內在的自由。換言之，一個人依據生命的自覺及對於生命資源的自知，才能以自由意志去追尋人生中道德的尊嚴與創造的意義。一個沒有尊嚴與創造生命的人生，是沒有意義的。這種創造與尊嚴並不是只有知識分子才能追尋，其實那些靈魂腐化的知識分子反而特別不容易達到這種境界。一個農夫或工人在面對人生種種挑戰與困境之時，照樣可以根據他自己的自覺與資源獲致道德的尊嚴與創造的經驗。

這種道德的尊嚴與創造的經驗究竟如何追尋、如何獲得呢？這不是一個形式的問題；只在形式層面喊些口號或做些推論是與我在這裏所談的問題不相干的。一個人必須在**實質層面真正得到啟發**，才能對人生的意義產生清楚的自覺、對生命的資源產生清楚的自知，才能獲致道德的尊嚴與創造的經驗。換言之，他必須有所根據。這種根據則是：他接觸到的、具體的，韋伯所謂"奇理斯瑪的權威"（charismatic authority）。一個愛好文學的人，當他真正心悅誠服地受了陀斯妥也夫斯基（T. Dostoevsky）啟發的時候，他自己的創造的想像力才能豐富，才不會羈絆在文體與詞藻的層次。只有具體的實例才能在潛移默化中給予他真正的啟發。這種情形，在道德成就上、學術研究上都是一樣的。

從以上的分析來看，無論外在的自由或內在的自由，在實質的層面，均與權威有密切的關係。這裏所說的演化的權威與外在自由的關係，以及"奇理斯瑪"的權威與內在自由的關係，當然要與強制的、專橫的、形式化的假權威做一嚴格的區分。從本文的觀點來看，用政治、金錢或僵化的社會階級的力量，或是為了維持政治或社會階級的利益，所造成的假權威，是與我所指謂的權威的權威性不相干的。

　　至於以平等為基礎的民主觀念，在理論上是反權威的。當一個人認為他自己與別人平等，所以應有*權利*為自己的事做決定的時候，他常會以為自己也有*能力*為自己的事做決定。這種混淆是思想與文化進展的阻力。如果一個社會把民主的觀念與民主的價值當做社會與文化生活的主導力量，這個社會便容易被大眾文化（mass culture）所主宰，那是一個膚淺的、趨附時尚的社會。不過，作為制度而言，實行民主通常可以避免極權或獨裁，至少人類尚未找到其他更有效的制度來防止極權或獨裁。（極權的民主〔totalitarian democracy〕是民主的病態。但，無可諱言的，這種病只有在全民參政的"普遍民主"的觀念出現了以後才能發生。帝王可以變成暴君，羅馬的共和可以變成獨裁政體；那些卻都不是極權政體。近現代全民普遍參政的觀念興起以後，始出現左派與右派以全民參政為藉口來控制全民全部生活的極權的民主。）職是之故，為了自由，我們必須建立民主制度；但民主與自由之間存有一個不可避免的"緊張"關係。以民主制度來維護自由，民主是手段，不是目的。既然是一個手段，而且是一個 —— 只要運用得當 —— 有效的手段，我們應該努力使它在中國真正的實現，在它實現的過程當中，我們要監督它，使它不致氾濫，同時我們更要努力使民主制度不斷改進，使它成為更有效的維護自由的手段。

綜上所述，我們知道五四式為了反對傳統中僵化與專橫的成分而產生的全盤性反對傳統權威的運動是錯誤的。這種錯誤有其歷史的因素，吾人不必對過去人物過分深責。但二十世紀中國的政治與文化的危機，是與演化的權威無法在穩定的環境中演化，以及真正的"奇理斯瑪"的權威過分貧瘠，有密切的關係。這種現象的歷史原因是複雜的；五四式全盤性反對傳統權威的運動，不能不說是主要的原因之一。可是，在我們批評五四**思想**的時候，我們不能不肯定經由思想得以解放的五四**信念**，與許多五四人物為了努力促進自由、民主，與科學在中國實現的奮鬥精神。那是五四遺留給我們的寶貴遺產。我們要以邁出五四的工作來光大五四的精神。今後如何使演化的權威在中國的泥土上漸漸生根，如何鼓勵真正的"奇理斯瑪"的權威在中國出現，以便使自五四以來追求自由、民主、科學，與進步的運動產生實質的內容，這是中國知識分子再出發的重大課題。

原載《中國時報》人間副刊（民國七十一年（1982）9 月 12-14 日）

再論自由與權威的關係

一、引言

最近看到 1982 年 9 月 12 日至 14 日《中國時報》"人間副刊"刊出的拙文〈論自由與權威的關係〉。那篇東西原是為了參加去年（1982）7 月底在宜蘭縣棲蘭山莊舉行的"中國近代的變遷與發展"研討會而趕寫出來的初稿。後來經過修訂，發表於拙著《思想與人物》（台北：聯經，1983、2001）。

當初，在開會期間，一些友人認為我強調自由與權威之間正面相輔相成的關係，應該特別小心；否則很容易引起誤解，甚至可能被政客利用。因為在我們的社會中，把喊口號當做從事思想工作的人，仍然大有人在，他們可能會根據此文高喊"自由需要權威支持"，而不知他們所說的"權威"實在是壓抑與迫害自由的假權威。其次，這種口號如果被政客們利用，那麼可能變成："實現自由需要服從他的，或他的黨的權威"；如此，政客們反而把我說的那一套轉變成為反自由的工具了。關於後者，我倒不覺得會有朋友們所說的那樣嚴重；因為政客們是很精明的，至少對眼前的利益與維護自身利益的手段看得很清楚。他們一向為了他們的利益，強調他們所謂的"權威"（即我所說的假權威），而我根據自由主義的理論所談的自由與權威之間正面的關係是有不可分割的系統性的，他們如果要利用我的理論去支持他們的"權威"，結果反而正可證明他們的"權威"是假的；這種事，政客們是不做的。他們最多只能繼續喊他們那些牽強的、沒有說服力的、使人一看便知是為了維護背後政治利益的"自由"與"權威"。

不過，關於我談的自由與權威的關係可能不容易被一般讀者所了解這一點，我覺得朋友們的警告是應該重視的。然而，這不是一個理論的問題，而是如何表達的技術問題。8月2日清晨我去看望一位長輩的時候，曾就此一問題向他請教。我們反覆討論，最後他說可用"心安理得的權威"與"壓制性的'權威'"來分辨我所說的真權威與假權威。他提出的名詞甚為恰當，因此，在那天晚上《中國時報》與世華基金會所安排的講演會中，我便使用這兩個名詞來說明自由主義所謂的真權威，與反對自由主義的假權威了。由於《時報》"人間副刊"工作同仁的熱心與責任感，他們很有效率地把在演講之前兩小時才拿到的演講大綱及時排字印刷，分發給聽眾；因此與會聽眾聽到我說的並清楚地看到我寫在演講大綱上的權威的兩個類型以後，很少有人對我所談的內容產生誤解。大多數聽眾也都明瞭我為甚麼不能用別的名詞來取代權威兩字，而只能用比較麻煩的方式來區別權威為"心安理得的權威"與"壓制性的'權威'"——因為"心安理得的權威"是真權威，所以不能說它不是權威，故無法用別的名詞來取代它；與"心安理的權威"相較，"壓制性的'權威'"是假權威，所以不能算是權威，較精確地說，只能稱之為有形的與無形的威脅與壓迫。

二、甚麼是權威

權威一詞，正與自由、民主、法治等等名詞一樣，本是外來語。英文權威（authority）這個字，原是從拉丁文 auctor（author）演化而來，意即：作品的創作或創始者；其衍生義是：創始者具有啟迪別人的能力，他的看法與意見能夠使別人心悅誠服，使別人心甘情願地接受他的看法與意見而受其領導。因此，他的看法與意見便變成了權威。為甚麼創始者的看法與意見能夠使人心悅誠服地服膺呢？這主要是要靠創始者的意見能夠變成具體的範例，與能夠賦予行為的正確性，並導使其成功。因此，使別人對其產生信心，遂起而服膺。換言之，權威即是一種使自己的提議被別人接受的能力。在社會上，有創造力的人的提議常被別人心甘情願地接受而志願地服膺，並隨之一起前進。在這種志願的結合中，我們感到有一股力量促使志願結合的發生，這個力量就是權威。當志願的服膺與景從結束的時候，也就是權威崩潰，威脅與壓迫代之而起的時候。一般人心甘情願服膺與景從權威的原由不一定或不僅是純理性的。但，服膺權威必須來自心甘情願的意願，否則這個"權威"不是真的權威。

以上所談的是權威的古典定義。這個古典定義與下文所要討論的"奇理斯瑪"的權威（charismatic authority）頗有匯通之處。我們從這個古典的定義中知道，權威有使人服膺的力量；這種服膺是出自服膺者心甘情願的意願，否則他們服膺的便不是真的權威。維護自由的法治中法律的權威與在一個有生機的傳統中經由演化而成的、促使文化得以進步的普遍與抽象規則的權威，也有使服膺者心甘情願服膺的特性。因為英美維護自由的法治是建立在英美文化與道德傳統衍生出來的，哈耶克先生所謂"超於法律的信條"（meta-legal doctrine）之上，浸潤在這個文化與道德傳統裏的人，雖然對其中的問題也頗有辯論，但絕大多數對於無人可在法律之上、法律之前人人平等、必須注重法律程序等"以法主治"（rule of law）的觀念都是心甘情願地服膺的。換言之，對於法律權威是志願接受的。（我們的法治之所以在高喊口號數十年以後仍未上軌道，原因當然甚多，但缺乏支持法治的文化與道德的傳統則是基本原因。但，打倒自己文化與道德的傳統也不能促使法治的實現，因為培養對法律權威心甘情願地服膺與遵從，只能在傳統的架構中進行；較為可行之方是對於傳統進行"創造性轉化"，產生與過去銜接的新傳統，以這個新傳統作為實現法治的基礎。）

　　至於文化賴以進步的抽象規則的權威性，也是要依靠傳統的架構才能建立的，才能被心甘情願地服膺的。在一個穩定而不僵固的傳統架構之內，於我們工作或研究的範圍之內學習與模仿我們信服的權威人士具體行為所展示的典範的時候——亦即：當學習與模仿他們在遵循抽象規則而獲得的創造活動與風格的時候——我們始能於潛移默化中學到抽象的規則。因為抽象的規則無法形式化，所以沒有按圖識路、明顯的步驟可循，只有在學習與模仿具體範例的時候（請特別注意"具體"二字），才能於潛移默化中學到，並使之變成"支援意識"的一部分，藉以發揮我們的創造的能力。經由這種過程學到的抽象的規則，對其權威性自然是志願地服膺與遵從的。

"人間副刊"發表的拙文在當時撰寫的過程中，由於我集中精神去推演文中的論式，所以只在結束之前區分權威為真權威與假權威，並沒來得及一開始就把權威分成兩個類型，也沒有給權威下定義，謹此補充如上。

三、超脫五四的羈絆以達成五四的鵠的

過去站在中國自由主義立場談論自由的人，大都把自由與權威當做敵對的觀念來談；因此，在一些讀者心中很可能有人對我的意思產生誤解。然而，我為甚麼要甘冒被誤解 —— 甚至被曲解 —— 的危險，硬要堅持論述自由與權威之間的正面關係呢？中國自由主義運動，到目前為止，主要仍然停留在要求解放的層次上。它主要仍然是一個解放運動 —— 一個要求在政治上、社會上與文化上從傳統的與現在的壓制性的"權威"與僵化的"權威"中解放出來的運動。我們覺得，我們之所以尚未獲得我們嚮往的自由，主要是因為在政治上、社會上與文化上我們仍然被有形的與無形的"權威"繼續不斷地威脅與壓迫的緣故。這種反權威的運動，自五四以來（實際上，可追溯到譚嗣同與梁啟超）是一個波瀾壯闊的運動，自有其客觀的許

多原因在。基本上，如果中國人並沒有被許多"權威"威脅與壓迫，當然這個運動也就不可能產生。然而，個人是不是從壓制性的"權威"與僵化的"權威"中解放出來以後便可獲得自由了呢？把這些壓制性的"權威"與僵化的"權威"打倒以後，我們是不是就可享有個人自由了呢？從形式上去演繹，很容易得到肯定的答覆。而實際情況，不但不是如此簡單，而且，如果繼續抱持這種想法的話，反而會阻礙真正有生機的個人自由的建立。上述的反抗運動，無論多麼成功 —— 無論把壓制性的"權威"與僵化的"權威"粉碎得多麼徹底，它本身並不能直接導引個人自由的獲得。這個運動，只能摒除一些障礙，但應適可而止。只要一些人（並不需每個人）明瞭了壓制性的"權威"與僵化的"權威"是壓制的、僵化的，所以是不合理的，即可。我們應盡速培育與建立外在自由與內在自由所需要的"心安理得的權威"。即使有人仍然信服過去的假權威；然而，當新的、真正權威建立起來，佔有勢力之時，那些假權威會自然喪失力量，變得不相干。假若我們一味沉緬於幻覺之中，以為打倒我們厭惡的"權威"便可獲得個人的自由，甚至認為一切權威都與自由不能相容，所以不能夠也不願意正視心安理得的權威與個人自由的正面關係，那麼我們終將無法獲得個人的自由。

有生機的個人自由與心安理得的權威是相輔相成的，合則兩美，離則兩傷。更進一步地說，當我們了解了自由與權威之間的正面關係以後，我們才能夠轉換一下思考的方向，才能夠去注意、去探索傳統的權威之"創造性轉化"的理論與實踐。

也許有人會說，歷史的發展是有階段性的，現代中國自由主義的課題，就是仍然停留在打倒壓制性的"權威"的階段，你談的那一套尚嫌言之過早，你再仔細地分析、再仔細地解說，一般讀者可就是沒有理論與生活的背景來支持他們去理解你說的那一套。對於這種"秀異分子"(elitist) 強烈反知主義的（anti-intellectualistic）看法，我是不能同意的。我之所以不能同意，不只是立場的問題；事實上，一般讀者的理解能力並不像這種秀異分子所說的那樣。去年 (1982) 暑假，我講完"甚麼是理性"以後，聽眾們臨時提出的許多問題所顯示的水準，可為明證。（"人間副刊"，民國七十一年 (1982) 8 月 4-8 日；現已收入本書。）

　　"五四"已離開我們半個世紀多了，我們在繼承五四所揭櫫的自由、民主與科學的鵠的之餘，早應擺脫五四思想中的謬誤，不可再拾其牙慧，繼續在原地兜圈子。何況今日的台灣，中產階級已經興起，教育已經普及，在走向自由與民主的道路上，政治情況與思想準備已經落於經濟與社會發展之後，因此，從事思想工作的人，應該盡力提出新的、更有力的觀點來為中國自由主義建立更有生機的基礎。

四、內在自由與"奇理斯瑪"權威的關係

　　前文在談到內在自由的時候，曾強調"奇理斯瑪"權威 (charismatic authority) 的重要性：如果一個人的內在意識被怨恨、恐懼與無知所佔據，無論外在自由的架構多麼完美，他仍然是沒有自由的。人只有對生命有清楚的自覺、對生命的資源

有清楚的自知的時候，才能發展內在的自由，他才能依據生命的自覺及其資源，以自由意志去追尋人生中道德的尊嚴與創造的經驗。在實質層面，這種道德的尊嚴與創造的經驗是不能在自我封閉系統中獲致的；一個人必須與真正的道德的與創造的實例相接觸，受其啟迪，才能去追尋。這種具體的啟迪，對受啟迪的人而言，是"奇理斯瑪"的權威。我過去在〈鍾理和、"原鄉人"與中國人文精神〉一文中曾對"奇理斯瑪"權威的涵義做過一些說明，在 8 月 2 日晚上講演會上分發給大家的講演大綱中也曾做了一些簡要的說明。不過，在 9 月 12-14 日"人間副刊"發表的〈論自由與權威的關係〉，卻未能來得及仔細解釋，所以我想在這裏做一點必要的補充。

奇理斯瑪 (charisma) 本義是"神聖的天賦"(the gift of grace)。這個字來自早期基督教的語彙，最初是指謂得有神助的人物；因此，他登高一呼，萬眾景從。後來，韋伯在界定權威底不同型態的時候，用來指謂一種在社會不同行業中具有原創能力的人物的特殊資質。他們之所以具有創造力，是因為他們的資源被認為與宇宙中最有力量、最實在與最重要的泉源相接觸的緣故。席爾斯 (Edward Shils) 更進一步引伸"奇理斯瑪"這個觀念，使它不僅指謂具有創造力的人物的特殊資質，並且指謂社會中，被視為與最神聖 —— 產生"秩序"(order)的 —— 泉源相接觸的行為、角色、制度、符號與實際物體。因此，具有"奇理斯瑪"的行為、角色、制度、符號與實際物體能夠使其相關的人類經驗秩序化。"奇理斯瑪"權威的最重要關鍵是它能夠產生秩序 —— 它能夠賦予心靈的與社會的秩序。而它最初的定義是指謂原創能力本身產生秩序的力量。在一個範圍之內的原創能力能夠使這個範圍秩序化，因此它能引發志願的服膺與景從；從這個觀點來看，"奇理斯瑪"與權威的古典定義是匯通的。席爾斯的引伸義，雖不限於具有原創能力的人物的特殊資質，他所謂的"奇理斯瑪"的行為、角色、制度、符號與實際物體，則具有同樣的特性：與之接觸以後，能夠使與其有關的人類經驗產生秩序。所以，深遠而涵蓋廣的"奇理斯瑪"能夠產生深遠而涵蓋廣的秩序。以哲學思想為例，西方最大的"奇理斯瑪"的哲學思想，正如懷海德（A. N. Whitehead）所說，是柏拉圖的哲學，它賦予西方哲學界最大的"奇理斯瑪"符號系統；中國最大的"奇理斯瑪"的哲思，則是孔子的思想，它賦予中國最大的系統性與秩序性的思想——中國最大的"奇理斯瑪"符號系統。

可是，由於一般人性格上的許多弱點（依賴性、庸俗性），以及社會、文化、政治與經濟中的許多缺陷與問題，他們常常過分依賴或渴望"奇理斯瑪"的出現，以填補與解決許多社會、文化、政治，與經濟的缺陷與問題，並賦予它們新的秩序。野心家們常利用這些內在的弱點與外在的缺陷，以宣傳的、煽動的、威脅的方式，製造並非真有創造能力的，假的"奇理斯瑪"。或把小型的"奇理斯瑪"吹捧成使別人覺得是能夠解決重大問題的大型的"奇理斯瑪"。這種行為，除了滿足野心家做"領袖"的私慾以外，因為假造或吹捧出來的"奇理斯瑪"的確並沒有真正，或足夠的，創造能力，所以問題仍然無法得以解決，而且有時還會產生許多始料未及的，難以解決的新的問題。(例如,毛澤東所講的那一套,在 1949 年以前,對於左翼知識分子與被壓搾的農民而言,是有龐大的"奇理斯瑪"的吸引力的。可是,從 1949 年以後,他所說與所做的充分顯示了他在實質層面連理解問題的能力都很差,遑論解決問題的原創能力了。因此,他只能利用組織、宣傳,及發動各式各樣運動的辦法來維護他的"奇理斯瑪"。然而,以外在的勢力來製造"奇理斯瑪"的權威,從最初"奇理斯瑪"定義上看,就已經不是真正的"奇理斯瑪"了。這種被製造出來的,假的"奇理斯瑪",對人民而言是威脅與壓迫,那當然不是真的權威。)"奇理斯瑪"是源頭活水,是真正的創造能力在社會上與文化上產生的功能。如果我們要客觀地衡量一個"奇理斯瑪"的現象,看它是大型的、小型的,或假的,我們就需清楚地知道它是不是有真正的原創能力及其涵蓋面的深度與廣度。

那麼,在何種社會與文化之中,真正具有原創能力的"奇理斯瑪"才比較容易出現呢?第一,僵固的文化與社會,和受激烈反傳統運動的震撼以致一般規範多已解體的文化與社會,都是不容易產生具有偉大原創能力的"奇理斯瑪"的。它需要自由的環境(小型或假的"奇理斯瑪"則不需自由的環境),這裏所指謂的自由的環境卻必須同樣是穩定的環境。正如懷海德所說:"生命有要求原創的衝動,但社會與文化必須穩定到能夠使追求原創的冒險得到滋養;如此,這種冒險才能開花結果而不至於變成沒有導向的混亂"。稍有觀察力的讀者都會知道,我們近百年社會與文化的歷史的主流卻是從僵化的傳統走向激烈反傳統的紀錄,這個歷史的結果是:傳統規範多已蕩然無

存，而新的規範仍在難產之中。我所提出的對於中國傳統進行
"創造性轉化"的主張是痛感我們所處的歷史的難局以後思索
而得者。有關在文化與思想方面如何進行"創造的轉化"的種
種，請參閱拙文〈中國人文的重建〉，此處不贅。

　　第二，一個被民主文化所主宰的社會（例如美國），容易趨
附社會上的最低公分母，易於產生庸俗的"奇理斯瑪"（如六〇
年代的甘迺迪總統），這種"奇理斯瑪"像化粧品，並不能持久。
正如前文所強調的，我們必須認清自由與民主的不同，我們必
須堅持自由是目的，民主是手段；這樣才能得到民主的好處，
防止民主的壞處。

　　第三，要用嚴格的理性批判與反思的態度正視外界的刺激
（這裏所謂的理性是"批判式的理性論"（critical rationalism）所指
謂的理性，不是笛卡兒"天真的理性主義"（naïve rationalism）所
指謂的"理性"，詳見拙文〈甚麼是理性〉）如此才不至於被依傍
外力製造出來的、假的"奇理斯瑪"所蠱惑。

　　一般論述"奇理斯瑪"的人多強調，大眾受"奇理斯瑪"之
刺激所發生的對於"奇理斯瑪"的崇拜之情是非理性的。這種
看法有其一定的道理，但這種看法忽略了不同類型的"奇理斯
瑪"之間的差距的觀念。（只能解決比較簡單層次上的問題的、
原創能力有相當限度的、中型與小型的"奇理斯瑪"，在社會中的
缺陷被強烈感受到的時候，容易使服膺"奇理斯瑪"的人產生這種
非理性現象。一個被地主壓榨的佃農聽到了毛澤東的共產革命口
號，容易產生強烈的崇拜之情，同時會擴張到相信毛底"奇理斯
瑪"能夠解決他切身問題以外的問題。）但我們不可忽略涵蓋面

既深且廣的"奇理斯瑪"是具有深刻的原創能力的,它的來源雖然不僅僅只是理性(也包括直覺的想像力;在人文世界中,更需豐富的道德想像力的支持);但它的龐大的解決深重問題的原創能力之本身即是批判式理性的徵象;其次,在自由而穩定的社會條件配合之下,它之所以能夠使得別人心悅誠服地遵從,乃源自它底原創能力所具有的理性說服力。韋伯在討論"奇理斯瑪"權威時,特別強調它使人服膺的能力是來自它本身的力量,而這種力量是經常在被考驗之中。如果後來它被證實並無解決問題的能力,它底"奇理斯瑪"的特性也就消失,人們自然對之不再心悅誠服。因此涵蓋面既深且廣的"奇理斯瑪",必須具有真正的、重大的原創能力。這種原創能力必須包括對問題的理性的洞察力與能夠對於面對的問題提出適當而徹底解決的能力,否則是禁不住考驗的,也就自然會喪失它的"奇理斯瑪"。

總之,培育並促進真正偉大的"奇理斯瑪"的出現並對之接受的基本條件有內外兩種:內在條件是社會成員必須培養批判的理性精神與態度;外在的條件則是:建立並發展真正有生機的自由與法治的制度,在這種制度下社會成員容易得到平等的待遇與基本的人權,社會的缺陷的種類與程度容易減低,社會成員對於假的或小型的"奇理斯瑪"的不平衡與過分強烈的反應的機會與可能也就相對地減少。我們要求自由與民主,當然必須優先建立法治的制度,否則一切終究只是空談。但一個只講法律的社會是一個相當乾涸的社會,真正的道德尊嚴與創造經驗的追求不是只靠守法便可得到,其實質內容必須經由重

大的"奇理斯瑪"權威的啟迪與個人的努力始能獲致，而真正
涵蓋面既深且廣，具有重大原創能力的"奇理斯瑪"的權威也
只有在自由的社會中才能展現。

本文與上文參考書目：

Bertrand de Jouvenel, *Sovereignty: An Inquiry into the Political Good* (Cambridge: Cambridge University Press, 1957)

—, *The Pure Theory of Politics* (New Haven: Yale University Press, 1963)

F.A. Hayek, *Law, Legislation and Liberty*, 3 vols. (Chicago: University of Chicago Press, 1973-79)

—, *New Studies in Philosophy, Politics, Economics and the History of Ideas* (Chicago: University of Chicago Press, 1978)

—, *Studies in Philosophy, Politics and Economics* (Chicago: University of Chicago Press, 1967)

Michael Polanyi, *Personal Knowledge: Towards a Post-Critical Philosophy* (Chicago: University of Chicago Press, 1958; corrected edition, 1962)

—, *The Logic of Liberty* (London: Routledge and Kegan Paul, 1951)

Michael Polanyi and Harry Prosch, *Meaning* (Chicago: University of Chicago Press, 1975)

Edward Shils, *Center and Periphery: Essays in Macrosociology* (Chicago: University of Chicago Press, 1975)

—, *Tradition* (Chicago: University of Chicago Press, 1981)

Max Weber, On *Charisma and Institution Building*, ed., S.N. Eisenstadt (Chicago: University of Chicago Press, 1968)

—, *Max Weber: Selections in Translation*, ed., W.G. Runciman, tr., Eric Matthews (Cambridge: Cambridge University Press, 1978)

原載《中國時報》人間副刊 (民國七十二年 (1983) 2 月 20-21 日)

第三部分

論近現代中國的思想、文化與政治

學術自由的理論基礎及其實際含意
── 兼論消極自由與積極自由 *

引言："五四" 以來中文學術界談論思想自由、學術自由的脈絡以及我們今天討論這個題目的現實關懷

　　中文學術界，尤其是人文學科與社會科學方面，自 "五四" 以來，雖然經常受到戰亂、左右意識形態，以及種種政治勢力的干擾與限制；然而，至少在形式上或口號上，好歹已經形成了一個共識：大家都贊成思想自由與學術自由。在這方面，蔡元培先生的倡導與力行與陳寅恪先生所賦予它的精神意義，具有歷史性的貢獻。

---

*　　本文初稿是在 2006 年為中央研究院 "錢思亮院長講座" 準備的演講大綱。講過以後，自覺其內容有不少疏略和未扣牢的地方，當然不可立即發表。後來又在華東師範大學大夏講壇、北京大學、台灣大學文學院，以及香港城市大學 25 周年 "傑出學人講座" 講過同樣的論題。每次演講，內容均有所改進，直到 2009 年 12 月 19 日在香港講過以後，筆者感到內容比較完整了。此處發表的這篇文章，則是根據 2009 年的演講大綱，增補後完成的。對於上述各個學術機構的邀約，促使筆者終於能夠完成這份工作，謹此敬致謝忱。

　　不過，假若把他們簡短的說法，當作是對於思想自由、學術自由的充分論證的話；事實上，他們的說法都有不足之處。（至於他們心中是否認為他們的說法已是充分論證，不在我今天的考慮之列，我之所以提出來討論，是因為許多中文學術界裏的人這麼看。）在我們尚未討論學術自由的理論基礎及其實際含意之前，我想先簡短地分析一下，蔡、陳兩先生的說法，以便鋪陳在中文世界討論這個論題的脈絡，然後再進入今天討論的主題。

　　蔡元培先生主張學術自由的看法，見 1919 年 3 月 18 日他回覆林琴南的信。（此信最初發表於《公言報》1919 年 4 月 1 日與《新潮》1919 年 4 月 1 日。）蔡先生說："對於學說，仿世界各大學通例，循'思想自由'原則，取兼容並包主義，與公所提出之'圓通廣大'四字，頗不相背也。無論為何種學派，苟其言之成理，持之有故，尚不達自然淘汰之運命者，雖彼此相反，而悉聽其自由發展。"（《蔡元培全集》〔杭州，1997〕，第 3 卷，頁 576。）

　　蔡先生的這個說法提出來以後，在中國聽到的，是一片頌揚的聲音，很少看到學理上的討論。當然，蔡先生推動學術自由的歷史地位，不容質疑。然而，嚴格地說，他的說法是"態度"而非"思想"。要形成"思想"，必需在一定程度之內，提出嚴密的論證並系統地思考清楚它內蘊的複雜含意。（"含意"是指文字或語言所表達的思想、理念所含有的政治、社會、文化，或／與思想上的可能的或已經產生的後果，相當於英文"implications"的意思。中文中另有"含義"〔或"涵義"〕一詞。它容易使人聯想到"定義"。"含義"〔或"涵義"〕因此可能使人想到一個字或一個詞的本身所包含的意義。我過去寫作時,也沒有分得這麼嚴格。現在則想把它們區分得嚴格一些。)

蔡先生推展思想自由、學術自由的態度是根據"世界各大學通例",這一點當然沒有甚麼問題。世界(尤其是歐美)各大學通例,的確是思想自由、兼容並包。然而,蔡先生既不從權利**或**效益(benefits)的觀點,也不從權利**與**效益的觀點出發,他所提出的"理據"("無論為何種學派……尚不達自然淘汰之運命者……悉聽其自由發展")看來似乎是根據中國當時流行的社會達爾文主義來論說的。假若是那樣的話,他的說法就與他所主張的思想自由、學術自由產生矛盾了。因為"物競天擇、優勝劣敗、適者生存"蘊涵着社會達爾文主義者所相信的自然淘汰的"規律",拿那一套說法來論證思想自由、學術自由,將會導致很勢利的態度:被人遺忘或不合時宜的東西,是被淘汰的東西,不值得再提。如果大家遵奉這說法為圭臬的話,一些超前的學說(它們出現時不被當時人所理解,時過境遷以後人們才發現它們的深刻性,如 Giambattista Vico 的著作)就沒有重新被發現的可能了。

陳寅恪先生主張學術自由的精神意義:陳先生在 1929 年為紀念王國維先生自盡兩周年撰寫的碑銘中說(這座石刻的紀念碑至今仍然屹立於清華園中):"士之讀書治學蓋將以脫心志於俗諦之桎梏,真理因得以發揚。思想而不自由,勿寧死耳……先生之著述或有時而不章,先生之學說或有時而可商,惟此獨立之精神，自由之思想，歷千萬祀與天壤而同久，共三光而永光。"

　　陳先生的說法，在紀念王國維先生自盡的歷史時刻提出來，確實具有強烈的精神意義。不過，那是一篇碑銘，不是一篇或一本論證思想自由、學術自由的專文或專著。純就碑銘中提出來的看法來說，雖然正確但過於簡單：發揚真理，並不僅在於從"俗諦之桎梏"中解脫出來便可辦到，還需要主動地追尋、提出真問題、而非假問題等等條件。

　　如前所述，思想自由、學術自由，在現代中文學術界的內部，自"五四"以來沒有不贊成的。（外面的政治勢力對其侵逼與干擾，當然是另一個故事。）也許因為大家都同意，所以以為沒有甚麼好討論的了。在思想自由、學術自由被禁錮的年代，有的人為了爭取思想、言論的自由，不畏壓迫，甚至不惜犧牲自己的生命。那些直面專制的迫害、爭取思想自由、人格獨立的事蹟所展現的"威武不能屈"的精神，可歌可泣，令人深深感動。然而，當禁錮緩解或取消以後，由於中文學術界向來沒有關於思想自由、學術自由及其實際運作的深入討論與建設，一旦客觀環境有了（至少在形式上）相當甚至極大程度的思想自由、學術自由以後，中文學術界卻出現了未能從思想自由、學術自由中獲得更大效益的窘境。明顯的例子是：台灣的學術界一旦從威權體制的控制下解脫出來，便匆忙地進入庸俗的民主化體制之內。而庸俗的民主化便自然而簡易地使得學術研究，在相當大的程度上，變成了官僚系統運作的一部分（詳下）。因此，反而使得學術自由、學術發展受到了限制。所以，我今天除了要與各位討論學術自由的理論基礎之外，還要分析一下，從學術自由的理論基礎推論出來的學術自由的實際含意，希望能對中文世界的學術發展有所助益。（當然，學術發展，除了學術自由以外，還需要其他的許多條件的支持才能真正落實。不過，其他的條件即使已經完備，假若沒有實質的學術自由的環境持續支持學術的發展，學術研究的成果，很難多元地、豐富地、有序地積累下去。）

自由的兩種意義

要談學術自由、思想自由，首先需要談一談，甚麼是自由？自由，實際上有兩種：消極自由（negative freedom）和積極自由（positive freedom）。之所以如此，是因為人的自由涉及到兩種不同性質的問題。這兩種問題，雖然彼此有關，確實是不同種類的真問題。它們是由二十世紀著名政治、社會思想家伯林（Isaiah Berlin）於參考前人（特別是法國自由主義思想家貢斯當〔Benjamin Constant（1767-1830）〕）的貢獻以後，提出來的。[1]

1　Isaiah Berlin, "Two Concepts of Liberty"，原為伯林於 1958 年在牛津大學擔任講座教授的就職演講詞，多次印行，最近一次是他在 1997 年逝世之前出版的文集，Isaiah Berlin, *The Proper Study of Mankind*, eds., Henry Hardy & Roger Hausheer〔New York: Farrar, Straus and Giroux, 1998〕，頁 191-242。

一、消極自由及其問題

消極自由乃是解答，甚麼是（作為主體的）人根據自己的意思做自己要做的事的**領域**（或空間）？在這個領域（或空間）之內，他不受別人或政府的干擾與強制。如果他確有這個可以根據自己的意思做自己要做的事的領域（或空間）；我們可以說，他在這個領域（或空間）之內是自由的。我們稱這種自由為消極自由，因為我們不對這種自由作積極的界定，我們不說這種自由是甚麼？我們只問，他有沒有這個領域（或空間）？如果有，那麼這個領域（或空間）有多大？這種消極自由至為重要，它是必要的自由，如果一個人沒有這個自我的自由空間，別人可以干擾他，政府可以不受限制地進入這個空間強制他，他當然沒有自由可言。顯然得很，賦予這種個人自由的最重要的必要條件是：健全的法治（the rule *of* law，不是 the rule *by* law）與法律保障的人權。它們的落實需要支持這種自由的文化、社會、道德秩序的穩定而不僵化的發展。

不過，這消極自由，雖然至為重要；但，它在今天歐美憲政民主的國家之內，也有困擾它的問題。簡略言之，它有兩個基本的問題：

（1）十六世紀以來的西方，消極自由是從對抗政治與宗教的迫害中成長的。當二十世紀歐洲左、右極權主義興起以後，它屹立於風暴之中，守護着以個人主義為基礎的西方文明。可是，以往的光榮歷史，並未能預見（並設法制止）後極權主義時代的今天，困擾它的問題的出現與擴散。

消極自由只問："你**有沒有**不受外界強制與干擾的獨立空間？這個空間有多大？夠不夠用？"它不問："你**如何**在這個自我空間之內做決定？以及你自己做決定的**能力**如何？"消極自由認為這兩個問題，都是你自己個人的問題，不是消極自由可以或應該過問的。如果提出來，反而會干擾到消極自由所要保障的個人自我空間。

過去，在消極自由對抗政治與宗教迫害的年代，其訴求是建立在兩個預設（presuppositions）之上的：(i) 每個不同教派裏的人可以信其所信的需要；(ii) 社會中的基本制度（教會、家庭，與學校）有資源、有能力提供做人所需要的教養與鍛煉。

然而，在世俗化的潮流衝擊之下，教會、家庭、學校的權威性已經鬆動，甚至失落得很厲害，無法肩負起過去所承擔的責任了。而許多歐美憲政民主國家，基本上，法治與人權已經落實並已行之有年。另外，消極自由過去對抗的對象也早已消失。

這樣的情況之下，消極自由在過去的針對性已經不存在了。而消極自由所預設的社會上培養做人的教養與鍛煉的機制也已失落殆盡。社會上個人自我為中心的傾向卻愈來愈強。因此，繼續強調消極自由的結果是：要求擴大不受干擾的空間變成了社會中的趨勢，要求從尚存的束縛中解放出來變成了時尚。所以，許多年輕人（以及不少並不年輕的人），在消極自由之內，常常把"有**資格**自己做決定"當成"自己就有**能力**作決定"，以致產生許多個人心理上與社會上的問題，包括任性、放縱、寂寞。

這種現象，當然也和其他因素與之相互加強有關，包括在全球化資本主義強勢擴張的影響下，史華慈（Benjamin I. Schwartz）先生在其遺筆中所談到的，"排他性物質主義的宗教"（the exclusive religion of materialism）的興起所導致的文明的物質化、庸俗化與異化。[2]

（2）由於消極自由的落實，主要要靠法治的保障，而非社會的規範或宗教與道德的戒律所能保證，自己在自我空間做自己的事做慣了，社會成員經常只想到自己，彼此之間除了契約關係以外，互不關心，以致變成"原子人"，社會變成沒有人味的"原子人"社會。

根據以上的分析，在今日歐美的社會中，仍然慣性地繼續強調消極自由的重要，令人難免覺得這樣的眼光在面對新的問題時的遲鈍。不過，話還得說回來，在面對東方一些威權體制的國家以及後極權、卻仍然保存着不少極權特色的威權體制的國家，由於仍然尚未實現真正的憲政民主，即使消極自由將來真正落實以後，可能出現不少問題，強調賦予個人自由空間，確實具有至為重要的現實意義。我們總不能因噎廢食！因為沒有消極自由，就沒有自由可言。

2　Lin Yu-sheng, "Introduction to Benjamin I. Schwartz, 'China and Contemporary Millenarianism - Something New under the Sun'" and Benjamin I. Schwartz, "China and Contemporary Millenarianism ── Something New under the Sun", *Philosophy East and West*, 51.2（April 2001）: pp. 189-196；以上兩文中譯見《九州學林》（2003，冬季），頁 258-271。另，參見筆者與王元化先生關於"世界不再令人着迷"的通信，收入王元化，《沉思與反思》（上海：辭書出版社，2007）頁 65-71。

二、積極自由（positive freedom）及其問題

積極自由是要回答下面這個問題：一個人要做這件事而不是那件事的決定的**來源**（source）是甚麼？他的決定是他自己的決定，而不是別人叫他做的決定？如果這個決定的來源是他自己 —— 他自己決定要做這件事 —— 那麼，他的決定是自由的決定。他在決定做這件事的時候，是自由的。換言之，積極自由是他自己做自己的主宰的自由。這種自由，當然也極為重要。人的創造活動，與來自自律而非他律的純正的道德行為，是這種自主性自由的展現。

不過，積極自由也有它的問題。這個問題很複雜。今天，我只能簡略地提出兩點：

（1）積極自由，既然是指我自己做自己的主宰；那麼，"我"是甚麼呢？是"大我"抑或"小我"？當"小我"溶入"大我"之後，"小我"會覺得"大我"才是真正的、高貴的"我"。因此，國家的自由或民族的自由，對於這個"小我"溶入"大我"的人來講，才是他真正的、高貴的"我"的自由。在這樣的情況下，他的"自由"很可能使他變成服從"體現""大我"利益與遠景的政治人物的奴隸。世間許多獨裁者，尤其是極權主義國家的領導人，多是用集體主義的光耀來遂行其殘暴的統治。

（2）如果沒有主動地自我要求自己做自己的主宰所需要的，思想、文化、與道德的訓練；那麼，這個做主宰的"自己"很可能陷入自戀、自我陶醉的深淵。

學術自由，則是結合上述兩種自由，卻沒有它們的缺失的

自由，詳下。

作為公共自由（public liberty）的學術自由（academic freedom）

　　在西方眾多討論學術自由的文獻中，就筆者所知，以二十世紀大思想家博蘭尼（Michael Polanyi, 1891-1976）有關著作，最為深刻而富有原創力的洞見。正如 1998 年諾貝爾經濟學獎獲獎者阿馬蒂亞·森（Amartya Sen）為芝加哥大學出版社重新印行博氏著作 *The Tacit Dimension* 所撰寫的 "前言" 中指出的：博蘭尼的思想是 "尖銳的（penetrating）、富饒的（fertile）、意義深遠而具創建（新）基礎的（力量的）哲學思想（far-reaching and foundational philosophical ideas）"，確實是 "真正偉大的貢獻（truly grand contribution）"。[3] 博氏關於學術自由的論證 —— 正反映了阿馬蒂亞·森對於博氏思想熱烈的讚許與推崇的實質 —— 足可擔當得起 "真知灼見" 四個字。下面是筆者根據博氏所著 "Foundations of Academic Freedom"（Michael Polanyi, *The Logic of Liberty*〔London: Routledge and Kegan Paul, 1951〕, pp. 32-48;〔Indianapolis: Liberty Fund, 1998〕, pp. 39-58）並加以推演，以及筆者的觀察與思考所得，撰成的對於學術自由的理論基礎及其實際含意的說明。

3　Amartya Sen, "Foreword," in Michael Polanyi, *The Tacit Dimension*（Chicago: University of Chicago Press, 2009）, pp. vii-xvi.

＊＊＊

我現在所要談的，主要是有關學術自由的種種。思想自由與學術自由密切相關，但不是一件事。關於思想自由，今天只能存而不論。

博氏對於學術自由的論證，是從人權的立場出發，其結果則不止是賦予學者們自由與尊嚴，而且也帶來增進學術發展的效益並完成學者們在公共領域之內所應承擔的責任。此外，由於學者們個人的學術自由乃是構成他們彼此溝通、切磋、合作所需要的"秩序"(order) 的最佳機制，並強化了學術規範與學術紀律；所以，博蘭尼所論證的學術自由，當其落實之時，自然會避免落入上述消極自由與積極自由所容易產生的弊病。學術自由，雖然與消極自由、積極自由都有關係，卻與它們不完全相同。學術自由是由學者們的個人自由的運作所構成的學術共和國中的秩序，所以比較適當的稱謂是：公共自由。

一、甚麼是學術自由？

在進行討論學術自由的有關細節之前，我們首先需要談一談，究竟甚麼是學術自由？博蘭尼對於學術自由給出的定義是："從事學術工作的人有選擇自己研究問題的權利，在研究的過程中不受外界的干擾與控制，並同時根據自己的意見教授自己研究的課題。"(Michael Polanyi〔London, 1951〕, p. 33;〔Indianapolis, 1998〕, p. 41.)

其次，我們要問：為甚麼研究學問的人應該享有學術自由？從博氏根據權利的觀點給它下定義的角度來看，顯然得很，學術自由是一種言論自由，那是受到憲法保障的權利。不過，假若學者們自由研究的結果，無法增進知識與滿足社會需要的話，短期之內還可以講："學術研究的效益不容易在短期之內看得出來，需要再等一等"。長期之內，若是仍然毫無結果，學術自由很難講得下去，社會也不可能一直提供給學術界所需要的各種資源去做沒有效益的研究。

　　博蘭尼對於學術自由提出的理據，則是一項綜合權利與效益的論證。任何論證都有預設。博氏的論證預設着三個條件：(a) 學者們是一羣有才能從事學術研究的人。(b) 學術研究是學者們的志業。[4]（那些把學術研究當作學術公關以及只能追逐學術風潮或時尚，在學術上沒有創發才能的人，均不在考慮之列。）(c) 學者是遵守學術規範與學術紀律，從事學術研究工作的人。

二、論證學術自由的理據

　　以上交代了有關學術自由的背景。我們現在應該進入學術自由的主題論證。學術自由的最有力量的理據，來自對於學術自由能夠形成良性循環的認識：**學術自由產生學術秩序，學術**

4　在"現代性"的衝擊之下，作為一種志業的學術是甚麼？如何進行？以及其面對的是甚麼樣的挑戰？關於這些問題，請參閱韋伯的經典論述：錢永祥編譯《學術與政治：韋伯選集 (I)》（台北：遠流出版公司，1991），頁 131-167。"學術作為一種志業" 英文新譯見：Max Weber, *The Vocation Lectures*, eds. David Owen and Tracy B. Strong, trans. Rodney Livingstone (Indianapolis: Hackett Publishing Co., 2004), pp. 1-31。

秩序增進學術成果，學術成果肯定學術自由。

之所以如此，可分下列三點予以說明：

（1）學術社羣之中最大程度的合作（交流、協調）是經由各個學者釋放自己的學術 impulses 而得到的。博蘭尼使用的 "impulses" 這個字，用直譯的辦法，可譯為 "衝動"，意思是：出現在學者頭腦中的念頭，由於好奇心的驅使，他想順着這個念頭想下去、問下去、探索下去。這個 "念頭" 不可能是在完全孤立的情況下出現的。他在思考他所關心的問題的時候，他的想法、他的問題、他贊成甚麼、反對甚麼等等，都是他在與古往今來的其他一些人 "對話" 中進行的。這種 "對話"，實際上是一個在學術脈絡中調節（adjustment）的過程。"當他參考別人的研究，對自己的工作進行調節時，他是獨立地進行的。尤有進者，學者們在彼此調節中，他們以最大程度的效率擴展了學術界的成就。當一個學者從別人獲得的成就中選擇對他最為有用的成分時，他的研究的成果，也同時提供給別的學者，根據他們的需要對他獲得的成果進行選擇。學術研究就如此持續地進行下去。"（Michael Polanyi〔London, 1951〕, pp. 34-35;〔Indianapolis, 1998〕, pp. 42-43.）

以上所論，實際上蘊涵着一項原理：學者們根據自己的興趣、自己的想法進行研究時所做的與別人的想法進行調節的過程，是一個無需外在權威介入的自動、自發、相互協調的秩序（spontaneous and mutually coordinative order）。換言之，學術自由是一個高效率的 "**組織**" 原則，而這種 "組織" 卻不是由指令所產生的。所以用 "秩序" 來描述其特性比 "組織" 更為貼切。

在學術自由所形成的秩序之中，讓每一個學者根據自己的興趣、想法、直覺（靈感）、衝動，自由地研究，總體來説，最能彼此交流、協調、合作、相互刺激；因此，最能增進學術成果。

（2）這種自由產生秩序，秩序產生效益的邏輯，可以用一個很簡單、很平常的比喻來加以説明：假若擺在你面前的是一個打散了的，複雜的"拼圖遊戲"，你如何用最有效的辦法，在最短時間內把散成各個不同形狀的小塊拼成原來的圖案？是你自己做？或找幾個朋友來幫助你一起做？你覺得還是找幾個朋友來一起做，能夠更快地拼成。現在來了幾個朋友。那麼，你用甚麼辦法使他們最能幫助你？把拼圖複製，請每個朋友自己拿一份回家專心去拼湊？抑或推舉出一個人當"領導"，由他指揮大家去做？考慮的結果，最後決定：還是你們大家聚攏在一起去做這件事。大家看着你們其中一個人拼出來一塊以後，想辦法拼出下一塊。每個人設法從剛才已經成功地拼成的部分所呈現的新情況，去設想如何拼出下一塊。每個人主動的獨立判斷，密切配合着別人的獨立判斷所做成的拼湊，去求得下一步的拼湊。這顯然是一個大家共同努力所形成的高效率的組織整體，而這個"組織"卻不是經由權威的指令來運作的。它是其成員根據自己的想法，彼此相互調節而形成的自動、自發、相互協調的秩序。

（3）反面論證：把學者組成一個官僚系統，最不容易有效地交流、協調，與相互刺激，也最不容易產生學術成果。另外，正如剛才談到的，一個人孤獨地在自己家裏做拼圖，最不容易做出來，一個學者自己孤獨地做學問，不參考別人（包括過去的人與現在的人）的著作，不跟別人切磋學問，也最不容易做出成績來。

三、學術自由（背後）所蘊含的意義

學術中的原創成果，蘊含着學者的積極自由與消極自由的運作之間的和諧，而沒有兩者在其他領域運作時所易產生的缺失。

（1）積極自由： 研究的激情（passion）與衝動表現在研究者自己主宰的行為中。這種學術上的積極自由，並不會產生"小我"認同"大我"，自由轉變為集體主義的問題。另外，這種主動追尋知識的過程，是以學術訓練為其基礎的。他在學術規範之內，面對知識邊疆上許多待決的問題，忙着做研究都來不及，哪有心情自我陶醉？

（2）消極自由： 在不受干擾的自由空間中進行研究，但卻未滑落到要求從一切束縛中解放出來，然後變得任性、放縱，並深感寂寞；或自己變成"原子人"。與此恰恰相反，在學術傳統中發展出來的規範（norms）與紀律（discipline）（也可説成是一種"束縛"）中進行與別的學者互動、切磋的研究，比較容易產生學術成果。（詳下）

（3）學術規範與紀律的有力的理據： 最能發揮學術自由（積極的與消極的）效益的條件，乃是穩定、開放、有生機而非僵化的學術傳統。一個有生命力的學術傳統蘊含着公平與公正的學術規範與紀律。而學術自由則根據它自己的需要，**強化**着

學術規範與紀律。

如前所述，學術自由最能使學者們自動、自發地相互交流、切磋，產生把他們"組織"在一起的秩序。所謂"相互交流、切磋"當然包括彼此改正思考中沒有看清楚的地方，糾正錯誤等等。而這種互惠的交流與切磋，需要在公平、公正的規範與紀律中才能進行。如此，彼此才能產生信任。否則，根本不可能產生真正的交流與切磋。

在公平、公正的規範與紀律中進行學術研究，最容易使學者們專心致志，集中精力到他有興趣的課題上去，因為他不必花很多時間與精力去應付人際關係、權力關係等等與學術研究無關的事務。所以，學術自由自然蘊含着學者們在互動中，根據他們的**需要**，**強化**彼此遵守的規範與紀律。這種規範與紀律有**明顯的**與**隱含的**兩部分，不是任何人或組織能夠設計出來的。它們是在一個有生機的學術傳統中逐漸演化出來的。這樣的演化出來的傳統，提供給學者們彼此信任的基礎，賦予研究者對於學術界將對他的研究成果給予公平待遇的信心。因此，在這個傳統中，一個有創發能力的學者，才能**專心**去做他（她）的研究。

（4）學者是參與學術共和國（The Republic of Sciences）的成員：他是公共秩序中的成員。正因為他為公共領域帶來了效益，公共領域才讓他在學術傳統的紀律中享有學術自由。他需要承擔公共領域對他信託的責任，而這種責任是他在學術自由中，於獲得研究成果時完成的。

學術自由的實際含意

一、根據以上的分析，學術自由的實際含意是：盡量使學術人才獲得與持續享有學術自由。愈能使一流學術人才享有學術自由，愈可能產生一流的學術成果。

所謂學術自由，實際上，說白了，那就是：學術行政系統應該盡量 leave the scholars alone，盡量少管他們。少管他們一點，他們就多一點時間與精力在學術自由中追求他們的學問。一個威權體制下的社會進入初期民主社會（台灣），或一個殖民地社會進入後殖民地社會（香港），容易產生過多的行政規章，很容易使學術工作滑落到一個層次，在這個層次上成為官僚系統的一部分。過去，有權力的人可以決定許多事情，被管轄的人，只能服從。這些少數人做決定的事，現在需要公開討論、申請、評比等等。這就要公佈許多有關的規章，讓大家按規章辦理；所以，自然擴充了官僚系統。一般的看法，尤其行政官員們，多認為這些規章是中性的，並沒有限制從事學術工作者的自由。然而，學術工作者，由於需要滿足許多規章的規定（包括開會、申請、評鑒、填寫各種表格、準備各種報告等等），他需要花去許多時間去做與學術研究沒有關係，而官僚系統要求他做的工作。他的學術自由無形中受到了干擾。

不過，所謂"盡量少管他們"（leave the scholars alone），預設着兩個前提：

（1）在遴選學術人才的過程中必需有公平、公正的機制，以便找到真正的一流學術人才從事教學與／或研究。

（2）找來的人才必須是不投機取巧、誠實、負責任的人。所以芝加哥學派經濟學之父Frank H. Knight 教授說："學術的基本原則（〔追尋〕真理或客觀性），本質上是一個道德原則……客觀性預設着正直，勝任與謙虛……所有的強制絕對地排除在外，以便讓自由的心靈自由相會。"（"The basic principle of science - truth or objectivity - is essentially a moral principle ... The presuppositions of objectivity are integrity, competence, humility ... All coercion is absolutely excluded in favor of free meeting of free minds."）

二、學術自由的濫用與妄用以及學術傳統的重要性：學術界如果產生過多分歧，即使表面上大家都享有自由討論的權利，也仍然會阻礙學術的發展。培育一個有生機的學術傳統能夠避免學術自由的濫用與妄用。

三、民主不是自由，雖然可能有關：形式上的學術民主（"教授治校"等等），極有可能墜入利益團體的爭奪，並不能促進學術的發展。（這個複雜的問題只能在此點到為止；詳細的討論是另一篇專文的任務。）

四、學術評鑒的問題：學術評鑒，在學術發展上所能產生的作用，基本上是消極意義上的：如果評鑒做得公允、有效的話，可以清除一些"朽木"，以便維持學術水平的最低標準。但，評鑒本身，在促進學術發展上，作用不大，尤其不能帶來卓越，至少在人文與社會研究方面是如此。真正有能力並要求自己追求卓越的人。他（她）的工作，不會因有評鑒制度或沒有評鑒制度而增減。在人文與社會研究領域，從來沒有甚麼傑出的學人,如韋伯、涂爾幹(Émile Durkheim)、哈耶克、博蘭尼、羅爾斯(John Rawls)、漢娜‧阿倫特(郭蘭)(Hannah Arendt)等是因為受到評鑒的指導、肯定,或鼓勵而寫出他(她)們那些鉅著來的。

　　一般學人受到評鑒的壓力,努力多做出一些在他(她)的水平之內的研究,有此可能;然而,更有可能使得另外一些人,為了應付甚至討好評鑒而做研究,以致浪費不少時間,但做出來的東西,在品質上反而不如他(她)不在評鑒壓力下,多花一些時間,所能做出來的成果。

　　我不是說一切評鑒皆應取消。如果計劃、進行得宜,評鑒是一項有一定功能的學術行政工作。但,評鑒不可做得太頻繁。(據筆者所知,國際上一流的歷史學系的評鑒,每十年〔或更久〕才做一次。做的時候,也多半是走走形式。)我希望釐清的是它的功能的限度,並提醒那些熱中評鑒的人:如果他們預期評鑒所能產生的成果超過評鑒本身的限度,他們的預期便犯了懷海德所謂 "錯置具體感的謬誤"(fallacy of misplaced concreteness)。[5]

本文發表於《知識饗宴》第 7 集(台北:中央研究院,2011)頁 305-326。

5　關於 "錯置具體感的謬誤",詳見拙文〈中國人文的重建〉,收在拙著《思想與人物》(台北:聯經,1983,2001),頁 3-55,特別是頁 24-25;或《中國傳統的創造性轉化》增訂本(北京:三聯,2011),頁 13-56,特別是頁 30-31。(此文也收錄於本書)。

中國人文的重建

　　"中國人文的重建"這個題目可以從很多觀點來談：可以從很籠統的觀點來談，可以從知識論的觀點來談，也可以從歷史的觀點來談。我今天不想從艱深的知識論的觀點來談，我想先從結論談起。本來我想用論式的（argumentative）方式，一點一點的討論與證明我的看法；但現在我想先把我的結論講出來，然後再談為甚麼我會有這樣的結論。

甚麼是人文？

　　首先，甚麼是"人文"？我們關於人文研究的種種，呈現着非常混亂的現象。甚麼是"人文"許多人都沒弄清楚，甚至有人把"人文學科"（humanities）叫做"人文科學"，好像不加"科學"兩個字就不覺得這種學問值得研究似的。我認為"人文學科"絕對不能把它叫做"人文科學"。當然，名詞上的纏繞也不一定就是那麼重要；但，如果我們可以使用一個比較恰當的名詞來指謂我們所要指謂的東西，那麼我們就應該放棄那個比較不恰當的名詞。事實上，"人文學科"與"科學"是有很大差別的。那麼，究竟甚麼是"人文"呢？為甚麼有的人——當

然不是每個人 —— 願意研究"人文"裏面的一些學問,而不願把"人文學科"稱做"人文科學"呢?簡單地説,答案如下:因為我們是"人"而不是"機器"。因為是"人",所以有特別對自己的要求;因為我們是人,所以要肯定人的價值,找尋人的意義。可是用甚麼辦法來找尋人的意義,用甚麼辦法來説明"人"有意義呢?

假如有人問這個問題的話,我的第一個答覆就是:"因為我們**想**找尋人的意義,所以**要**找尋人的意義。"為甚麼這麼説呢?要解釋這一點,我可以用一例子來説明。大家都知道柏拉圖寫了許多"對話錄"。其中有一篇叫做"米諾"(Meno),是記述米諾與蘇格拉底的對話。在這篇"對話錄"裏有一段交談的大意如下:蘇格拉底説他不知道道德的意義是甚麼,因此,他要找尋道德的意義。他常常到市場裏去找些年輕人問:"你們活着為了甚麼?"有的年輕人就開始回答他的問題,蘇格拉底然後繼續問下去,等到年輕人沒有話講的時候,他就再找另一個人問,這就是西方有名的,蘇格拉底的教學方法。但是,米諾卻反問蘇格拉底:"你是不是在找尋人生的意義呢?"蘇格拉底説:"對,我是在找尋人生的意義。"米諾問:"你現在是否已經找到了人生的意義?"蘇格拉底説:"我還沒有找到人生的意義,我正在找尋人生意義的過程當中,我希望能找到人生的意義。"米諾説:"你既然還沒有找到人生的意義,只是在過程當中,那麼你如何能找到人生的意義?假若有一天有人告訴你人生的意義究竟是甚麼,而他的答案是正確的,可是你如何曉得他的答案是正確的呢?你用甚麼標準來衡量,來鑒別那是正確的答案呢？”這個問題是柏拉圖“對話錄”裏最重要的問題。這個問題的涵義（implications）的探討在西方思想界起承轉合幾千年，有時候高，有時候低，最近幾十年由於博蘭尼（Michael Polanyi）的哲學的工作，又重新發揚起來。這個問題的細節牽涉到非常複雜的知識論的問題，今天在這個場合不適合一點一滴地用論式的方法予以細緻的解釋；不過，這個問題所涉及之確切涵義是很重要的，可以簡單地提示出來。

　　當我們想找尋人生意義的時候，這找尋的本身已經蘊涵了人生有意義；要不然，假定人生沒有意義，為甚麼還去找尋呢？換句話說，這個找尋的活動已經蘊涵了對人生意義的肯定，這是第一點。其次，這種找尋的活動已經蘊涵我們已經得知了一個方向，我們雖然不一定對於人生的意義已經有了精確的了解，但我們已經有了方向，所以當你覺得人生應該有意義，或者在你找尋人生意義的時候，事實上已經蘊涵你已經對人生的意義加以肯定，而且已經相當地知道人生意義的方向。換言之，當你找尋人生意義的時候，已經“知道”，人生有意義了。要不然，沒有辦法找尋，也無從找尋起。假如這個觀點是正確的，則“人文學科”所關心的問題，基本上是無法用“科學方法”，或是一般人所了解的“社會科學”來解答的；雖然，社會科學的成果可以做為“人文學科”工作人員的參考。甚麼是“社會科學”呢？社會科學也與人有關係，但是觀點不一樣；社會科學所關心的是人的社會，是關心人際關係的一種學問，是要了解一羣人集合在一起的時候，在甚麼規律，甚麼秩序之下大家容易生活在一起；在甚麼情況之下，不容易產生秩序，大家不容易生活在一起。這種學問是與追尋人生意義的學問或創造活動非常不同的。換句話說,社會科學所關心的是人類活動的"功能"(functions)與"功效"(effects)(有人說,社會科學也關心"價值";但,實際上,這種"價值"也只是"功能"而已),所以社會科學並不觸及人類活動本身的意義,因此用社會科學的方法來找尋人生的意義,是辦不到的。那麼,甚麼學科和創造活動與找尋人生的意義有直接的關係呢?哲學、文學、注重人文學科方面的史學、宗教、藝術(包括音樂、舞蹈、雕刻、繪畫等等)的研究與創造活動,才是與找尋人生意義有密切關係的活動。

當我們對於上述各種人文學科進行研究或在人文的領域內進行創造活動的時候,我們應該採取甚麼樣的態度和用甚麼樣的方法來進行呢?我們用甚麼態度與方法才能使這種活動比較豐富,比較有成果?

中國人文內在的危機:權威的失落

在討論這個問題以前,我想先談談我們現在所處的環境。

對我們的環境我們應該有一個歷史的了解,這樣,對我們所願意進行的各種活動容易產生比較有效的辦法。我想很少人會不同意我下面這個看法:我們的"人文"實在是處於極嚴重的危機之中;而這個危機是雙重的,它有內在的一面,也有外在的一面。內在的危機方面甚多,現在我想特別討論一點,也是比較主要的一點,那就是"權威的失落"。

"人文學科"的工作必須根據權威才能進行，不能任憑自己進行，如果一切皆由自己從頭做起，那只得退回"周口店的時代"。（這裏所謂的權威是指真正具有權威性的或實質的權威〔authoritative or substantive authority〕而言，不是指強制的或形式的"權威"〔authoritarian or formal authority〕而言。）我可舉一個例子來說明：譬如你現在對文學特別有興趣，你想做一個文學家，做一個小說家或詩人，或做一個研究文學的學者。那麼，你如何開始呢？如何進行呢？首要之務就是，必須服從你所心悅誠服的權威，如果你不根據權威來進行，就根本沒有辦法起步。首先，你必須先服從語言的權威，這在美國就有很大的困難。（我所接觸到的美國的各種現象和我所接觸到的國內的各種現象有許多相似的地方，也有許多彼此非常不一樣的地方。美國現在有一個很大的危機，就是很多年輕人不會英文，現在一般美國大學幾乎有百分之二、三十的學生連情書都不會寫，因為他們不知道該怎樣寫，每一句話裏都有文法錯誤，而且他們腦子裏沒有甚麼語彙，只會幾句口頭上說的話，稍微要表示一點自己意思的時候，就會犯文法的錯誤。為甚麼會這樣呢？原因很複雜，諸如美國人反對學校裏教文法，對"進步的觀念"很是誤解，以及電影的影響等等。）一個人如要寫文章，一定要能駕馭語言，語言才能做很好的工具。如何使語言成為很好的工具呢？第一，要相信你底語言是對的；第二要服從對這種語言有重要貢獻的人的權威性。以寫中國舊詩為例，你必須承認李白、杜甫寫得好，晚唐的李賀雖然有些問題，但也不失他的權威性。服從了某些權威，根據這些權威才容易開始你的寫作。假如像美國一些年輕人那樣，連文法都不相信的話，那麼起步都不能，當然做不了詩人了。假如你要寫小說，就必須學習如何寫小說。我們中國人特別聰明，有些在高中的少年，經過兩、三年的努力和老師的啟發，就可以駕馭我們非常困難的語言，就可以寫出很漂亮的中文來。但是，他們卻遇到一個問題，就是作品沒有甚麼內容，寫來寫去還是那幾句很漂亮的話。很可惜的是，一些成名的作家卻一直停留在這種青春期。為甚麼呢？因為他們從來沒有服從過深厚的權威，沒有根據深厚的權威來演變。大家要是看過托爾斯泰的小說，如果看過杜思妥也夫斯基寫的《卡拉馬助夫兄弟們》的話 —— 我相信在座的朋友當中一定有人看過這些小說 —— 就會曉得我說的是甚麼意思：當你真正要寫小說的時候，當你真正欣賞別人寫的經典之作的時候，當你發現那種經典之作真是了不起，那些著作就很自然地變成了你的權威，那麼，你就能根據你所信服的權威，一步一步地演變，為自己的工作開出一條路來 —— 當然你不一定要一直完全信服那些權威，更不必也不可重複別人寫的東西。然而，我們只能在“學習”中找尋“轉化”與“創造”的契機；而在學習的過程中，我們必須根據權威才能進行。

可是，我們中國的人文世界中就是缺乏真正的權威；我們中國就是發生了權威的危機。為甚麼呢？最主要的原因是：我們中國好歹發生了五四運動，五四運動主要的一面是反傳統的思潮，經過這思潮的洗禮以後，我們傳統中的各項權威，在我們內心當中，不是已經完全崩潰，便是已經非常薄弱。當然，有些人覺得傳統了不起，聽說有些研究所的老師收學生的時候，要學生燒香，向他磕頭，這只是一個顯著的例子，其他同類與不同類的例子也很多。然而，那種非常沒有生機的活動，那種使人覺得"疏離"（alienating）的活動，那種與現在生活習慣距離很遠，非常勉強的活動，實在是不能產生真正的權威性，不能使人心悅誠服，不能使人對"權威"產生敬佩之心，不能從敬佩之心中根據權威來發展自己。另外，當內在的權威發生深切危機的時候，有些人發生一種情緒的衝動：自己傳統的崩潰使他內心很煩躁，常用並不能言之成理的辦法來維護自己的傳統。這種勉強的、以情緒為基礎硬搞的辦法，常常不是發榮滋長的途徑，不是很有生機的辦法。首先"硬搞"在理論上常常站不住腳；其次，在實際環境中常常會使得別人發生很大的反感。所以常使維護傳統與反對傳統的兩派產生強辭奪理、相互爭論（polemical）的關係。這樣並不能對維護傳統這件事產生實質的貢獻。這種辦法很難使傳統在現代的環境中發揚，用我的話來講，很難使傳統達到"創造性轉化"的結果。

了解外國文化之不易：以檢討對西方"理性"與"民主"的浮泛之論為例

當然，有人會說，自己文明之內的權威的確失落了，不太管用了；不過，我們有外來的權威：有沙特、佛洛依德，有外國的學者與思想家可以做為我們的權威。

可是，大家要曉得，了解外國文化，談何容易？把外國的東西當做權威，常常會變成口號。我來舉個實例，大家就會了解：西方從第二次大戰以後，花了許多錢去訓練研究中國的學者。拿美國來講，已經化了幾千萬美金，或幾億美金（詳細數字我從前看過，現在已記不清）來訓練許多研究生去從事中國歷史、文化、政治及其他方面的研究。現在已經有許多人可以看中文，跟你說中文，到飯館吃飯用中國話點菜。但是，我們平心靜氣地看一看美國人的著作，除了極少數的例外，有多少美國學者的著作真正對我們中國文化的精微之處，對我們中國文化的苦難，對我們中國文化起承轉合、非常複雜的過程，與因之而產生的特質，有深切的、設身處地的了解？我可以說，非常、非常之少。談到這裏，有人也許會說，美國人當然不容易了解我們了；我們是一個幾千年的文化古國，他們怎麼能夠很容易地了解了呢？何況，花錢辦教育與思想的境界並沒有直接的關係；深刻的思想不是金圓可以買得到的。他們的學術界，深受實用觀點的影響，為了實用而了解，當然不易深刻。然而，反觀我們自己，鴉片戰爭失敗以來，要了解西方已經有一百多年的歷史，在這個歷史的過程中，對西方的態度也產生了許多重大的變化，而且在來自西方的專業學問上，有人已經獲得傑出的成就；然而，我們平心靜氣的自問一下，我們對西方文化的精微之處，對它的苦難，對它起承轉合、非常複雜的過程，與因之而產生的特質，又有多少深切的、設身處地的了解呢？我也可以說：除了極少數的例外，非常、非常之少。

　　例如，多年來，許多中國知識分子，包括終生崇拜美國文明的胡適，主張新傳統主義的唐君毅，以及許多主張行為科學的學者，甚至一些提倡人文研究的年輕的一代，都一致認為西洋文明是注重理性的。這種看法，從粗淺的觀點來說，也不是一點都不對，但"理性"究竟是甚麼呢？我們卻不能從他們底著作中看到確切的解釋。可是，韋伯經由精微的分析以後卻說，西方近代工業文明的發展主要是來自"工具理性"，這種"工具理性"是自喀爾文教派反理性、不人道的"宿命論"衍變而來。換言之，"工具理性"背後的動力是一極不理性的東西，而"工具理性"本身有許多面與"價值理性"不但根本不同，而且基本上是衝突的。"工具理性"的發展造成了西方今日社會與政治的"官僚化"（bureaucratization）、"形式化"，因之，導向個人的"異化"。所以，我們可以說"工具理性"發展的結果，從謀求合理的人生的觀點來看，是很不理性的。韋伯底理論，此處無法細述。我在這裏稍稍提出，只是要說明粗淺地指謂西洋文明是注重理性的這一看法，因為過分簡單，無法使我們進一步了解西洋文化的實質。

　　從以上的陳述，我們知道了解另外一個文化是非常困難的事。把另外一個文化的一些東西當做口號是相當簡單的，但口號式的了解並不是真正的了解。這種口號是一種很做作的、不自然的、反映我們內心問題的假權威，而不是真權威。台灣文學界從前流行過一陣子"現代主義"，聽說現在在台灣教英美文學的先生們，有人還在提倡所謂"新批評"（New Criticism），這些隨便把在外國環境當中因特殊的背景與問題而發展出來的東西當做我們的權威，實在是沒有根的。這種辦法的結果是：可怕的口號變成了權威。這樣自然產生了我在別處提到的，"形式主義的謬誤"（formalistic fallacy）。當你覺得有幾個口號對你很有用的時候（例如"現代主義"中的那幾個口號，"心理分析"的那幾個口號），而不知那些口號所代表的觀念的複雜性，和它們在特殊歷史情況下演變出來的性格；亦即把外國的一些觀念從它們的歷史的來源中切斷，斷章取義地變成了自己的口號的時候，自然就會犯"形式主義的謬誤"。

"形式主義的謬誤"是甚麼？這可以從兩點來談：第一，"形式主義的謬誤"是指只看事情的表面的謬誤。看事情不能深入是很糟糕的；不過，這不是我所最關心的問題。因為世界上總有人非常淺薄，我們也沒有工夫管那麼多。我所特別關心的是下面一點：就是當我們在腦筋裏思索問題的時候，我們必須根據一些東西想 —— 世界上從來沒有空想這件事 —— 假若我們根據的東西只是一些口號而我們又不知這些口號裏面的含意與後面的歷史背景，亦即不曉得這幾個名詞真正意義的時候，我們常常把我們自己想像出來的意義投射到這幾個口號上。我們常常會根據我們的觀點、我們的問題，或我們所關心的事情來解釋這些名詞；這種解釋常常與這些名詞所代表的思想沒有多大關係。假若是這樣的話，幾乎無可避免地會產生"形式主義的謬誤"。

我來舉一個實例說明一下。大家都曉得，我們應該實行民主。我們覺得民主非常好，事實上，我也覺得民主好。但是"民主是好的"這個觀念在我看來，指的是：民主是最不壞的一種政治制度 —— 所以比較好（其他政治制度比這個制度還壞，所以民主比較好）。實行民主會產生許多問題，這些問題與實行別的政治制度所產生的問題比較起來，比較最不壞，但卻是相當不理想的。

實行民主會有甚麼問題呢？在台灣一般人的腦筋裏有一個想法，認為民主的社會一定容易產生獨立的精神。因為我們過去沒有民主的傳統，我們常常被中國“封建”社會中遺留下來的許多毒素所壓制，同時也被一些政治的勢力所壓制，所以我們覺得以人權為基礎的民主社會裏面的人比較能夠獨立。以人權與法治為基礎的民主社會，能夠給予個人的獨立與自由許多保障，從比較能夠免於外在政治勢力的干擾的角度來看，民主社會裏面的人是比較有獨立的空間。然而，有了可以獨立的保障，與事實上就能獨立是兩件事，不可混為一談。

我們首先要了解民主社會是甚麼？民主社會裏的人有權利對許多事情做決定，而民主的社會也鼓勵個人對許多事情做決定。政治方面的投票，自己應該並且可以做決定，其他事情也被鼓勵要自己做決定。我是一個人，我有權利為我的生活、我的思想、我的愛好做決定，所以有人說民主容易產生獨立的人格。我覺得“自由”容易培育獨立的人格（“自由”與“民主”相互有關，但卻是很不同的兩件事），“民主”卻不易培育獨立的人格。為甚麼呢？假若一個社會很民主，生活是以民主為基調，在那個社會裏會產生一種風氣，一種每個人對甚麼事都要自己做決定的風氣。對於與自己有關的任何事的看法，總要以自己為中心，不重視師長、父母、朋友的意見，他的第一個衝動是我自己要對與我有關的事做決定。這種風氣表面上好像很能表現獨立的精神，事實上，卻影響人們不容易獨立思考，不容易有真正個人主義的精神。為甚麼會這樣呢？因為以個人為中心的民主生活方式變成根深柢固、視為當然的生活習慣以後，當在甚麼情況下我自己都要做決定的時候，常常會發生不喜或漠視傳統的與實質的權威的現象。那麼，下面一個問題就發生了：“甚麼事你都要做決定，但你根據甚麼做決定呢？”結果是：形式上每個人都是根據自己的意思、想法、愛好做決定，但實質上，他的根據常常是當時流行的風氣。因為每個人都受外界的影響。當父母的權威、教會的權威、學校的權威、師長的權威、典籍的權威都不被相信的時候，亦即傳統的權威與實質的權威，在以自己為中心的民主社會裏失去了權威性的時候，個人只相信“自己”，但“自己”是甚麼呢？“自己”的心靈，因為已經沒有傳統的與實質的權威可憑藉並受其保護，所以很易被外界當時流行的風氣所侵佔。因此“自己”的心靈常常是外界流行的風氣的反映而已。

美國現在就發生這種現象，美國家庭制度產生了很大的危機，年輕人不願聽父母的話，有的年輕人在成長的過程中必須與父母的意願相反才覺得自己不再是小孩子，而是一個獨立的成人。從前教會在美國非常重要，現在教會也失去了權威性。為甚麼在一個表面上到處要求與讚揚獨立的社會裏，一般人反而變得主觀上自認甚麼事都是由自己做決定，而實質上這種決定卻多是受了當時流行風氣的影響的呢？因為在這種社會裏，人們內心非常貧瘠，沒有不同權威的支持來抗拒社會流行的風氣。假若一個人是對教會權威心悅誠服的天主教徒，外面流行的東西不見得會對他發生多大的影響。因為根據他的宗教背景，他會覺得對社會上流行的事並不喜歡，或並不都喜歡。如果你對你的家族的特殊傳統感到驕傲的話，當許多流行的風氣與你的家族傳統不合的時候，你覺得別人喜歡這種東西，你卻不必喜歡，因為你們家裏的人就是這樣。但現在這些根據都沒有了，你沒有辦法根據你的家族傳統，沒有辦法根據你的地域觀念，也沒有辦法根據你的教會來做決定，你對傳統的與實質的權威都不相信了，你只相信自己，但是，你是誰呢？你的"愛好與看法"只是社會流行的風氣的一種反映而已。因此，一個真正落實民主的社會，是一個趨附時尚的社會。問題的關鍵在於**權利**並不蘊含**能力**。人們有了自作主張的權利時，並不一定就會把"自作主張"的"主張"做得對，做得好。

　　假若我上面的分析是對的話，那麼，實際上民主的結果和我們想像的民主的結果是有很大的不同的。換句話説，我們對於民主能夠培育獨立精神的看法，實際上是經由我們的想像把我們的希望投射到"民主"這個口號上的結果。這種形式的思維跟實際上的情況是有很大距離的，有的時候甚至相反（所以，可稱之謂："形式主義的謬誤"）。因此，當我們提倡民主的時候，不可忘記我們之所以要實行民主，是為了自由；民主是手段，是維護自由的手段，自由才是我們真正的目的。這樣，至少在觀念上對這個手段所能帶來不令人喜歡的結果能夠產生自覺的警惕；如此，我們容易得民主之利，而不受其害。

評胡適所謂"大膽的假設，小心的求證"
——形式主義的謬誤的進一步説明

　　以上主要談的是我們的"內在的危機"——內在權威失落以後所發生的一些問題，並兼及了解西方觀念的難處——容易發生形式主義謬誤的問題。下面我想再進一步談一談外來的危機。

　　這裏我想只先談一點，也是特別重要的一點。我們大家都知道，自從鴉片戰爭以後我們被外國人欺辱的很慘，本來我們不想學外國，最初是要採取傳統的"以夷制夷"的辦法來拒斥外國，後來則提倡所謂"中學為體，西學為用"的洋務運動，想用西洋式的工業技術與軍事技術來維護傳統的政治制度與文化精神，結果耽誤四十幾年的時間。後來發現除了"船堅礮利"以外，連西洋的政治制度和西洋的文化與思想也要學，學到"五四"的時候，覺得西洋好得很，後來變得崇洋，甚至有人提出，大概只能發生在中國的，"全盤西化"的謬論。

　　這段歷史有一個基調，就是在我們學習西洋時候，我們並不是平心靜氣地學，我們是想把外國東西學好以後，使我們的力量增加，使我們強起來：我們最基本的衝動是一個功利的衝動，而不是一個人文的衝動（當然也有例外，如王國維先生早年對叔本華的了解）。當功利的衝動導使我們學習西洋的時候，常常發生一種迫不及待的心情。那麼複雜的外國現象與學問，人家演變了幾千年，我們那裏有工夫都學呢？我們所要學的是我們所最需要的東西。第一、我們要學最新的東西，舊東西不管用。第二、我們要學方法；"方法"像是一把鑰匙，有了它，強大的西方文明的寶藏可以打開，我們能夠進入其中，把裡邊的好東西拿來。胡適之先生就是犯了這種"趨新"與"方法至上"的錯誤的著名代表。

照他說，科學方法的精義可由十個大字來代表："大膽的假設，小心的求證。"然而，科學方法是不是"大膽的假設，小心的求證"呢？科學的發展是不是要依靠"大膽的假設，小心的求證"呢？在科學研究的過程中，工作人員是不是要在假設上看誰膽子大，誰就容易有成績？你的膽子大，然而我的膽子比你更大，所以我的假設就容易導使重大的科學發現呢？然後再小心的求證，像做考據那樣，一點一滴的，看看版本，最後發現《紅樓夢》的作者是姓曹，不姓李。是不是這樣就是從事科學研究了呢？

胡先生談"大膽假設"的時候，只注重提倡懷疑精神，以為懷疑精神是科學的神髓（這是對科學很大的誤解），故提"大膽"兩字以示醒目，他卻沒有仔細研究科學假設的性質到底如何？因為科學假設可能是對的，也可能是錯的；但都必須是夠資格的假設（competent hypothesis）。但經他提出"大膽"兩字，情況就變得混淆了，因為這種說法，如不加以限定（qualify），使人以為愈大膽愈好，豈知許多大膽的假設，雖然發揮了懷疑的精神，卻並不夠資格成為科學的假設，此種假設是與科學無關的。

從實質的觀點來看，胡適對科學方法所做的解說，與科學研究及進展的情況是甚少關聯的；也不能說一點關聯也沒有，因為他所說的"小心求證"涉及到一點粗淺的歸納法的解釋與應用，但歸納法的應用並不像他說得那麼簡單；其次，歸納法在科學發展上遠非如胡適所想像的那麼重要。像地質學、植物分類學這一類的科學研究是與歸納法有相當關係的。但，像數學、物理學、化學等理論性的自然科學，它們裏面重大的發展與突破是與歸納法關係很少的，甚至毫無關係。例如哥白尼的天文學說、愛因斯坦的相對論，根本不是應用歸納法得到的。這些偉大的發現可說是哥白尼與愛因斯坦底思想的"內在理性"（internal rationality）的發展所致。

如果你讀過博蘭尼（Michael Polanyi）底《個人的知識》（*Personal Knowledge*）與孔恩（Thomas Kuhn）底《科學革命的結構》（*Structure of Scientific Revolutions*），便會知道科學的發展主要是靠研究的時候是否能夠產生正確的問題。科學的發展必須依據正確、有效、比較有啟發性的方向，換言之，即是必須有正確的、具有尖銳想像力的問題。想要為胡適所謂"大膽的假設"辯護的人也許會說，他所謂的"大膽"就是你所說"尖銳的想像力"。但"尖銳的想像力"本身並不能促進科學的進展，必須有"**正確的**、尖銳的想像力"才成。在這種地方說話，必須精確，做廣告，或搞宣傳的辦法是不行的。那麼，這種正確的，而不是不正確的問題，是怎樣產生的呢？那必須根據許多傳承，用孔恩的觀念，即必須根據"典範"（paradigm）。

孔恩底"典範"的觀念，正如他自己所說，是從博蘭尼的知識論中"支援意識"（subsidiary awareness）的觀念導引出來的。"典範"主要是指由定律、學說、實驗工具和方法所形成的*實際*操作的具體範例。與這種範例常接觸，於潛移默化中產生了科學傳統中"未可明言的知識"（tacit knowledge）。這種"未可明言的知識"是產生正確問題的泉源。換言之，當你提出問題的時候，已經意識到找尋答案的方向。這種問題才是科學家的問題。你在追求一個答案的時候，你覺得要在這條路走，而不在那條路走，是可能得到答案的。當然，找到答案的路可能是迂迴的；但卻是有跡可尋，而不是機械地用歸納法試出來的。科學家為了證明自己所提出的"假說"最初所走的路可能不通，得另外再試。但他所能走的路是有限的。他的信心、時間，與資助單位所提供給他的金錢都是有限的。如果一試、再試，總是得不到結果，那麼，他的內在的信心與外在的聲譽以及資助單位的信任勢將瓦解，他便無法繼續做科學的研究了。因此，他所提議應需走的路，必須一開始就有相當的準確性。

　　科學家研究的導向是來自哪些資源呢？第一、由於他在研究中的感受。第二、與他的老師的指導有關，他與他的老師有一種默契。從科學史上我們知道，某一個學派的學生，看問題的方法往往是根據這個學派的傳統與格調來看的。因為這個學派的大師用這個方法看問題產生了很好的答案。（甚至後來這個學派的學生反對他們老師的說法，他們之所以能夠反對這個學派前期的說法，也是因為深受其傳承的影響所致。別的學派的人，看這個學派的問題便往往看不到那麼深刻，那麼到家，所以要反對也反對的不夠得體。）這樣的研究，才可能產生比較有效的科學理論；根本與當初開始時，是否有"大膽的假設"沒有多大關係。

我們知道，大部分科學家都是很保守的，他們通常是應用早年學到的“典範”去解決尚未被別人接觸到的一些中型的與小型的問題。在實驗中如發現“反證”，他們通常並不立刻放棄“典範”，而是希望着“反證”是假的或無關的。但，當“典範”愈來愈不能解釋被人視為有關的現象時，科學的發展便出現了嚴重的危機，此時若有不世出的大科學家——如愛因斯坦，能夠以最尖銳的想像力（也是有所師承的）提出有效的新問題（愛因斯坦說他之所以能夠發現“相對論”，正如他自己說，是“深受”馬赫〔Ernst Mach〕的影響），這個新問題產生了觀察現象的新方向，從這個新方向中產生了突破過去“典範”的新理論，這個新理論經由實驗證明其有效性並能解釋許多過去不能解釋或不知道的現象時，便漸漸被別人信服，如此新的“典範”得以建立；“危機”經由新的“秩序”而得以解決。科學史便又從“非常不尋常的科學”（extraordinary science）階段進入“通常科學”（normal science）發展的階段。

另外，還有一點需要特別說明：科學史上有不少重大的發現與“頑固”的關係很大，而不是與大膽的懷疑有關。有的科學家硬是特別信服他的老師的學說或一般人已經接受的理論。他覺得這個理論的底蘊含有比別人所發現的還要更豐富，還要更有意義。從這種觀點出發，有時會獲得極為重大的發現。例如，在 1912 年數學家 Max von Laue 對結晶體使 X 光折射（diffraction of x-rays by crystals）的發現，便是對已經接受的，有關結晶體與 X 光的理論，更具體的信服的結果。

　　上面所講的使我們知道在我們學習西洋的時候，往往只學到了一些形式上的東西。多年來，不少著名的中國知識分子，在提倡科學的時候，主張我們首先要學習"科學方法"，而胡適對"科學方法"的解釋實是"形式主義謬誤"的顯例。形式主義的謬誤是如何構成的呢？好比對於一件事，應有十點意見，但其中七點意見我們並不知道，我們只知道其中的三點意見，可是我們後來又把與之無關，但卻可扯在一起的兩點意見投射到那件事上去，這樣變成了五點意見。由於這五點意見並未經過精確的界定，本身就相當的含混，所以總可似是而非地推演在一起，這樣形成的理論，便犯了形式主義的謬誤。用懷海德（A. N. Whitehead）的名詞來描述，即是"錯置具體感的謬誤"（fallacy of misplaced concreteness）──把具體感放錯了地方的謬誤。一個東西本身有其特殊性：它不是這個，也不是那個；它就是它。它有自身的特性；但，如果把它放錯了地方，那麼他的特性被誤解，給予我們的具體感也就不是與它的特性有關了。換句話説，它本來沒有這個特性，但因為它被放錯了地方，我們卻覺得它有這個特性，這就是"錯置具體感的謬誤"。例如，胡適説科學方法的一項主要原則是"大膽的假設"，便是把科學研究錯放在"大膽假設"這個口號上了。又如民主會產生社會同一性（social conformity），使得人不容易獨立。但我們卻認為"民主"會使人獨立，實際上，這是把我們對民主的"了解"的具體感放錯了地方的緣故。（民主制度保障獨立精神，但並不促進獨立精神。真正相當地實現了民主的社會，反而阻礙個人獨立精神的發展，所以美國是一個趨尚時髦的社會，連享有種種法律保障的學術界也是如此。）

人文重建所應採取的基本態度：“比慢”

我們目前的情況，如果是像以上分析的那樣：內在失去了傳統的權威，而外在又加上了許多“形式主義的謬誤”——了解西洋常常是斷章取義，常常是一廂情願的“亂”解釋。那麼，應該用甚麼辦法來應付我們的問題呢？這就是現在我所要講的最後一部分。

第一是態度的問題，即我們應該用甚麼心情來承擔我們的苦難，來想辦法解決我們的危機，來往前走，更上一層樓——不再在原地轉圈子。

首先我們必須有一種歷史感。我們的文化綿延四、五千年，是世界上唯一繼續不斷綿延的古老的文化。但在今天這個古老文化的基本結構已經崩潰的情況之下（基本結構的崩潰並不蘊涵其中每個成分都已死滅），短期之內我們不可能徹底地解決我們的問題。如果我們為了中國文化危機的解決，真的能夠攜手並進，共同奮鬥；那麼，在經過長時間的努力以後也許有獲得比較令人滿意的答案的希望。因為維繫我們這麼大的一個數千年的文化傳統的基本結構解體以後，從歷史的觀點來看，不可能在幾代人的時間之內就能夠解決了這個空前的危機。我們的問題，決不是某人寫了幾首詩，某人寫了幾篇文章，或某人寫了幾本書就能解決的。在這種情況之下，我們應該抱持甚麼態度才能面對我們的問題呢？

　　如以形式主義的觀點來看我們的問題，很容易產生下面這個看法：現在問題實在太大了，我們得趕快的努力，我們要加油，要快一點。我覺得這個態度雖然其心可嘉，可是並不管用。從康梁時代到現在，我們已經着急了一百多年，然而，這種迫不及待的心情卻沒有給我們帶來許多重大問題的深遠有效的答案。中國近現代知識分子在每個時代所說的、所寫的、所悲歌慷慨地申訴與控訴的，大多只是反映了他們的苦難而已。至於這些苦難究竟應該如何得到實質的解決，他們卻沒能提出有系統的、深切的答案。（當然更有不少玩物喪志，自我陶醉的聲音，這不是我現在所關心的問題。我現在所關心的是真正誠心努力的成績為甚麼這麼有限？）我覺得與其在平原上繞圈子繞上幾十年，最後發現自己疲憊不堪，卻並無進境，不如採另外一個態度：對我們的問題先採取一個歷史的觀點來觀察，從這個觀點來看我們的問題，我們知道我們的問題非常之嚴重，我們的責任非常之龐大，我們不能喊口號，我們不能自我陶醉於"量"的貢獻，我們必須做"質"的突破。

　　當我們深切地知道我們的問題的嚴重性與龐大性以後，我們知道我們無法一下子就能真正解決中國文化的危機。個人能力有限，我們不能解決所有的問題，不如立志深下功夫，做一點實質的工作。在這種情況之下，我們要發揮我以前曾經提到過的"比慢精神"。（比慢並非比懶，這一點要先弄清楚。）你寫書用了五年，我要與你"比慢"，我要用八年的時間去寫一本書，這樣才有達到"質"的突破的可能。否則仍然是在原地繞圈子，並無進步可言。我們要做最深切、最根本的努力，要下決心，要有志氣，不要不爭氣，不要沒出息，要以最大的決心來跟別人比"慢"。我所說的這種"比慢精神"，做為一個口號來講是很容易講的，但實際上並不容易做到。為甚麼呢？因為我們的確着急，的確急得不得了，你要我"比慢"，但我比不了，因為實在沒有這個本領。

那麼究竟怎麼做才能"比慢"呢？我的答案是：當你很努力、很努力工作以後，真正得到了一點實質成果的時候，你才真正能夠"比慢"。當你經過多少煎熬，多少困難 —— 想問題老是想不通，今天覺得想通了，寫得很得意，覺得簡直是神來之筆。第二天再看時，卻發現仍是根本不通；當你有這樣困思的經驗，當你在這樣的煎熬、這樣的自我批評、這樣堅強的精神支持之下得到一點實質成績的時候，得到一個突破性的學術理論的時候，你會發現，的確是一分耕耘，一分收穫。你的努力並沒有白費，這種切實的成就感，會使你的心情變得不像別人那樣着急了，你真實地感受到只有在不栖栖遑遑的心情下才能為中國文化做一點實事。今後當然要本着原來的態度繼續努力，以求獲得更多一點成績。同時，這種成就感自然會使你產生一種真正虛心的態度：你知道你的能力的確有限，你花了那麼多歲月與那麼大的力氣，才獲得這麼一點點成績，中國文化的問題這麼多，你實在沒有本領樣樣都管，你只能腳踏實地，用*適合你的速度*，走你所能走的路。換言之，"比慢精神"是成就感與真正的虛心辯證地交融以後所得到的一種精神。心靈中沒有這種辯證經驗的人，"比慢精神"很難不變成一個口號；相反地，有這種精神，自然會超越中國知識分子所常犯的一些情緒不穩定的毛病：過分自謙，甚至自卑，要不然則是心浮氣躁、狂妄自大。

近年來，我之所以一有機會就提倡"比慢精神"，原因之一是我深感我們文化的危機是無法用"才子"式的辦法來解決的。我們的問題是：老老少少的"才子"太多，現在更有文化明星的加入，這些人的言論與著作，實際上，除了反映了我們的文化危機以外，只是自欺欺人而已。對於這些"才子"而言，假若我們對他們還抱有一點希望，不認為他們將來的一切活動均無意義；那麼，我們除了要求他們要把持知識與文化的良心以外，還要給他們再教育。要使他們的意識中能夠產生極為需要的歷史感。當他們深切感到他們過去自鳴得意、沾沾自喜的作品，實際上不過是中國文化危機的反映的時候，他們就不會那麼容易得意與自喜了，寫作時便可能斟酌起來。一旦他們比較能夠採用斟酌的態度，他們便會發現他們所要寫的題材，實際上是非常艱難的，這樣慢下來，經過長時間的努力，獲得了一些真正的成就以後，他們的成就感會導使他們進入"比慢"的途徑以謀求更大的成就。

人文重建所應持有的觀念："特殊"與"具體"

上面談的是我們應該採取的基本態度，下面我要談的一點是我們所應持有的基本觀念。

我們根據甚麼觀念才能有效地從事人文工作呢？首先，我們要認清人文學科與社會科學在研究或創造的時候，其基本意圖是不同的。人文學科所最關注的是具體的特殊性而不是普遍的通性。我來舉個例子。人文學科中一個重要的部分是文學。例如，有一個中國人寫了一本小說，一個俄國人寫了一本小說，一個美國人寫了一本小說，這三本小說都是談浪漫的愛情的，它們都是探討浪漫的愛的意義的。那麼，每一本小說是不是都主要的在談浪漫的愛的通性呢？如果只是談浪漫的愛的通性，假若他們都有很高成就的話，這三本小說應該大致相同才是。換言之，它們最關心的不是通性，雖然通性將來可以從這三本小說中推論出來。這三本小說，每一本最關心的是它所接觸到的浪漫的愛情的特殊性，是這個男子與那個女子之間所發生的愛的特殊意義。這個特殊的意義導使這個作者非寫不可。這兩個人之間的愛情當然是來自人性，但他們之間的愛是來自人性的特殊表現，特殊的感受，特殊的心靈的交流。這種特殊的東西是要從這本小說中表示出來的，是我們要從這本小說中知道的。當另外一對男女發生了真正愛情的時候，那是另外一個愛情故事，與這個故事沒有多大關係。黃春明寫的《看海的日子》，我個人覺得是台灣文學幾十年來非常了不起的一篇短篇小說。那篇小說講的是甚麼呢？那篇小說談的不是彰化的人，也不是屏東的人，是講東台灣南方澳的一個女子的感受、掙扎與努力，這種特殊的感受、掙扎與努力；並不能重複。假若黃春明寫的那個主角可以放在其他地方也是一樣，代表一項共同性的話，那篇小說不可能寫得很好。

所以，在我們從事人文工作的時候，我們必須追求具體的特殊性。我們用甚麼辦法追求具體的特殊性呢？我們為甚麼可以追求人文中各個特殊性呢？因為人的心靈中有一種特別的能力，這種能力是人性中最光輝的幾項能力之一。那就是我雖然與那個人不一樣——黃春明與《看海的日子》中的主角並不一樣（而且有許多地方不同，你們曉得黃春明是陽剛式的人物），但他為甚麼能夠寫出來那篇小說中的特殊性來呢？因為他有一項本領，這項本領能使他產生設身處地的同一之感（empathy），這種本領能使他感受到別人的感受，當你從事人文活動，有這種感受的時候，你的活動就比較有生機，而不是口號式的與形式主義的了。

對“新批評”的批評——談人文研究的另一個基本觀念：注重思想

第二個基本的觀念是：我們從事人文工作的時候，必須注重思想，以思想做為基礎。從前有人說，文學是感性式的，哲學是思想式的；一談到歷史便使人覺得那是搞考據的。這是最不通的話。以文學為例，我從來不覺得文學最基本的任務是表現感性；而沒有學通的“哲學家”（這種“哲學家”多得很，中外都有），是最不能做思想工作的。最了不起的文學必然有深刻的思想做其基礎。你拿杜甫、屈原、曹雪芹為例，或拿杜思妥也夫斯基、托爾斯泰、湯瑪斯・曼（Thomas Mann）為例都可以。現在台灣是否還有人提倡“新批評”呢？我知道從前在這裏曾流行過好些年。“新批評”是在 50 年代在美國流行的一派文學批評的理論，有它的歷史背景。今天不必細談。“新批評"已經在美國很過氣了。（我不是説過時的東西一定不好；不過，"新批評"是既過時，又不好。）"新批評"認為文學的研究與創造不必講究思想，它認為文學是文學，思想是思想。若談思想，你研究或寫哲學著作好了，為甚麼還要研究文學呢？文學是要在注重文學層面的東西，這包括象徵（symbols）、技巧（techniques）、意象（images）等；並不包括思想；因為文學作品所呈現的思想並不是作品的文學層面。這種論式，從表面看去，很合邏輯，有其尖鋭性。（這也是"新批評"過去能夠在學術界佔有勢力的原因之一。）但，實際上，卻犯了形式主義的謬誤 —— 它一開始就假定文學作品裏文學的東西不包括思想，然後照此推演下去，自然得到了這種不注重思想研究的結論。其實，文學作品所藴涵的思想只能得自文學，是文學的重要部分。有許多思想與感受不是能夠從哲學的著作中，用論式的（argumentative）方式，以直接的語言説出來的。許多特殊而複雜的感受往往是需要用間接的文學語言，在經由創造而得的文學的具體脈絡中展現的。文學的作品（特別是小説與戲劇），因為能夠呈現不同人文現象的特殊性與具體性，使他能夠藴涵哲學、史學，與宗教著作中所不能或不容易展現的思想。

談到這裏，我們必須面對"新批評"所提出來的一個很尖鋭的技術性問題：即它所駁斥的"意圖的謬誤"（intentional fallacy）。"新批評"興起之前，許多研究文學的學者往往把文學研究看得很機械、很粗淺。他們認為研究文學主要的是要研究作者的意圖，即：作者當初想寫甚麼東西，想要在他的作品中表達甚麼。換句話説，這些舊式的學者認為文學研究主要的是要知道作者的原意是甚麼。這樣便發生了兩個不能解答的難題：一、作者原意與寫出來的結果不一定一樣；二、讀者對這篇作品的了解不可能與作者的原意完全相同，也不必完全相同；而且，即使研究者要根據許多歷史資料努力還原作者的原意，無論他研究的多好，在邏輯上也無法證明他研究的成果就是作者寫作時的原意。因此，"新批評"派的學者説，把研究作者的意圖當作文學研究的工作是不通的，這種研究犯了"意圖的謬誤"。他們認為作者寫完作品以後，作品便是宇宙的一部分，文學研究者應該研究作品本身，其意義與作者的原意無關。新批評的這種説法，如不考慮其他有關的複雜因素，有相當的説服性，自從被提出來以後，頗能吸收一批人，追隨其後，推波助瀾。當初提出這個學説的幾位批評家，在這個封閉的邏輯系統裏，頗為自鳴得意，曾盡量推動此一運動，再加上有"羣眾"追隨，遂形成了很大的風氣，以為研究文學並不要研究作品的思想，主要是要研究作品的象徵、技巧、意象等等。結果是：這種不注重思想的"文學批評"使得研究工作變得非常乾涸；研究象徵、技巧與意象的工作成為"玩物喪志"的遊戲。

　　"新批評"的問題出在哪裏呢？主要是它把事情看得太簡單。它對舊式"文學批評"的駁斥是相當有道理的；然而，作者原意與寫出來的作品雖然不一樣，我們卻不能説作者的思想、意識與作品沒有關係，尤其是偉大的作品——沒有一部偉大的作品背後是沒有深厚的思想基礎的。其次，雖然我們對作品的看法不能也不必與作者原意完全相同，但，我們卻不能說"文學批評"就是一種遊戲,沒有更高的意義。事實上,對於作品中的象徵、技術與意象的研究並不是目的,而是手段;對它們的了解是幫助我們了解作品本身思想意義的手段,而了解作品本身的思想意義才是文學批評的目的。讀者所了解的作品的本身意義,當然與作者原意不能也不必盡同。然而,如果我們對於作家,尤其是偉大的作家底思想背景和創作時的感受與關懷,沒有深切的了解的話,我們對於作品的了解往往要流於武斷與纖巧;因此,對於作品與作者的歷史的了解是文學批評工作的重要環節之一。一部偉大的文學作品,往往是對於一個時代所發生的具體而特殊的震撼的反應,並由此而激發出來的對於人文現象(愛、恨、生、死、美、醜、神、宇宙、自然等等)具有內在張力、多層面、特殊而複雜的看法。這種由作者的思想和在創作過程中產生的靈感所構成的看法,通常不容易由論式或陳述語言來表達。因為論式或陳述語言只能直接地明示,而可以由直接明示的東西是很有限的。關於這一點,任何對於人文現象有感受的人均不會持有異議。因此,一個具有文學資質而又有豐富想像力與深刻感受的人,往往要訴諸文學的語言與形式來表達他的感受與思想。因為在小說與戲劇中,經由具體的情節、人物,與人物之間的關係交錯地在許多層面呈現的人文現象更能蘊涵豐富的意義。我這裏所做的分析的關鍵,着重"具體"二字。論式與陳述的語言不易展現具體的人文現象,而文學的語言能夠展現具體的人文現象。經由文學的形式與語言所展現的具體的人文現象更能蘊涵豐富與複雜的意義。在文學作品中,人文現象的具體展現特別能刺激與引發讀者的想像力與設身處地的"同一之感"（empathy）。這種想像力與"同一之感"與讀者本身的關懷交互影響以後，遂可產生對於作品意義的探討與解釋。這樣的探討與解釋當然不能也不必與作者原意盡同，而且每個讀者，見仁見智，對於同一部文學作品的看法，亦不能也不必盡同。然而，對於文學作品的意義的探討與解釋必須是合理的。如要合理，就必須對作者的思想背景與關懷以及作品所處的時代，有深切的了解才成。不同讀者的不同解釋也必須是合理的，如此便有彼此切磋、相互發明的樂趣，也有使每一解釋達到更合理的境界的可能。

我在這裏並不主張也不希望，對於作品的解釋要使某某一家之言達到定於一尊的境況。然而，我們要求對文學作品的解釋要有合理性，而且愈有涵蓋廣、見解深的合理性愈好。因此，作者的思想與靈感、作品本身所呈現的思想與意義、一個讀者單獨的解釋、與不同讀者的不同解釋之間便產生了密切的關係與匯通的需要。終極地說，既然要求文學的創造與解釋必須具有高度的合理性，那麼文學創作與解釋就必須注重非閉門造車式的、合理的思想了。

如何注重思想？

一、不可過分重視邏輯與方法論

前面談的是，文學的創造與研究為甚麼應當注重思想。文

學的研究既然要注重思想，哲學、史學、宗教與藝術的研究也
應當注重思想，此處不擬一一詳論。可是，我們究竟如何才能
注重思想呢？

首先，從消極的方面來說，我們要放棄對邏輯與方法論的
迷信，邏輯與方法論在學術界自有其一定的意義與功能，但過
分加以提倡，會產生許多弊端。從積極的方面來說，我們要培
育視野開闊、見解邃密、內容豐富、敏銳而靈活的思想能力。
其次，從應當採取的途徑上着眼，我們要精讀原典，同時要隨
時隨地進行自我批評。精讀原典可以增進我們的思想能力，隨
時反思自己所提出的問題與看法，可以使我們更靈敏地意識到
我們的問題與看法，是否合理、是否重要 —— 是否仍是常識
性的、死板的老問題、老看法，抑或是尖銳的、具有原創性的
新問題、新看法。如此，我們可能突破過去的困囿，庶幾不再
在原地繞圈子。

我曾在別處提到過這些意見，而且也曾撰文詳論精讀原典
的種種。今天不擬再談精讀原典的意義與功效，只想以實例進
一步對“不可過分重視邏輯與方法論”與“必須以自我批評的
方法使思想靈敏與邃密”這兩點，做一些具體的說明。

五四以來中國的文化與思想界，其所以浪費了許多寶貴的
時間，以致至今仍有許多人對於傳統的中國文化以及衝擊我們
的西方文化的了解仍然停留在記誦與喊口號的階段，原因當然
很多；不過其中一個主要的原因是：許多知識分子對邏輯、
科學方法與方法論產生了迷信。事實上，過分提倡邏輯與科學
方法並強調“方法論”的重要性最容易使自己的思想變得很膚

淺。我的這種看法可說是與五四以來許多中國知識分子所抱持
的觀點，針鋒相對。許多人認為方法是有利的工具，所以研究
學問或從事創造必須先把方法弄通，如此不但能夠順利進行，
而且還可以事半功倍。其實，這種看法犯了形式主義的謬誤。
為甚麼呢？首先，如果對於經驗事實做一番歷史的考察，我
們會發現在人文研究與創作的領域（其實在自然科學的領域也
是一樣），有成就的人都不是先把方法弄通，或先精研邏輯與
方法論，然後才獲致重大成就的。莎士比亞並不是先學了“戲
劇寫作法”、司馬遷也不是精研了“歷史研究法”，才能動筆
的。孔子與柏拉圖更不是研究了“哲學方法”以後才能思索問
題的。也許有人會說，這幾個例子並不恰當，這些人都是不世
出的天才，天才總是例外的。其實，天才與凡人的不同只是程
度的不同，並不是種類的不同。博蘭尼說：“天才是能夠承受
無限痛苦的能力。”（Michael Polanyi, *Personal Knowledge*, pp.
127.）天才與凡人的不同在於他特別能夠執着，特別能夠沉潛，
特別能夠關心別人關心不到的問題，並特別能夠在謀求解答的
過程中忍受一般人不易忍受的煎熬；他在這種奮鬥的過程中，
努力不懈，才能夠提出重大而原創的問題並找到有力的解答。
天才思索問題與從事創作的時候，與一般人做同類工作時的不
同既然只是程度的不同而不是種類的不同，那麼，一般人如要
有所成就，當然也要做類似的奮鬥[1]。

1　如要說得更精準一點，天才也有好幾類。我在此處所談的，指的是與一般人程度不
　　同的那一類天才。天才之中也有與一般人完全不同的那一類——不過，這一類完全
　　獨特的天才，我們沒有語言、沒有分析範疇來形容，當然也就無從談起了。

　　說得更精確一點，任何方法論的著作，因為只能對一門學問的研究過程予以形式的界定，所以根本無法說明這門學問實質層面中無法形式化的創造活動。用博蘭尼的哲學術語來說，影響一個人研究與創造的最重要因素，是他的不能明說的、從他的文化與教育背景中經由潛移默化而得到的"支援意識"（subsidiary awareness）。因為這種"支援意識"是隱涵的，無法加以明確描述的，所以方法論的著作無法處理它。換言之，邏輯與方法論不能對研究與創作活動中最重要的關鍵加以界定，更談不上指導了。一個真正創造（或發現）的程序，不是一個嚴謹的邏輯行為；我們可以說，在解答這一個問題時所要應付的困難，是一個"邏輯的缺口"（logical gap）。

　　博蘭尼曾引述法國大數學家龐卡萊（H. Poincaré）所列舉的學術發現的四個階段：（一）準備（Preparation）階段，（二）潛伏（Incubation）階段，（三）豁然開朗（Illumination）階段，（四）證明（Verification）階段。任何有創作經驗或在某一學科獲致重大發現的人，都能證實龐卡萊所說的四個階段的正確性：我們在極為專心準備解答一個問題，卻百思不得其解的時候，往往需要一段時間把它拋開不談，然後常在無意中發現答案突然出現在腦際中，在這個時候我們得趕緊把它記下來，然後再一步一步地證明它的正確性。王國維先生在《人間詞話》裏曾說："古今之成大事業、大學問者，必經過三種境界：'昨夜西風凋碧樹，獨上高樓，望盡天涯路，'此第一境也；'衣帶漸寬終不悔，為伊消得人憔悴，'此第二境也；"眾裏尋他千百度，回頭驀見（當作驀然回首）那人正（當作卻）在燈火闌珊處，'此第三境也。"這是對人類的創造活動心領神會的成熟識見，與龐卡萊所說的"四個階段"頗有匯通之處。從這裏我們也可以知道，在學術的創造或發現的層面——即從"無"生"有"的層面，科學與藝術是相通的。在這個層面，我們可以說，創造是得自博蘭尼所指謂的"促進發現的期待"（heuristic anticipation），即集中精神於一項將要知道的"未知"之上而獲致的。

　　過去邏輯實證論者以為邏輯家與科學的哲學家將來終究能把"科學方法"完全顯明地陳述出來；他們以為"歸納邏輯"有一確定的準則，將來總可以像算術那樣的完全形式化。然而，這個"信仰"是由外鑠而來的。十九世紀末費格（G. Frege）發現了一個機械的程序可以完全證明基本"演繹邏輯"的一切有效規律。這項成就激發了邏輯實證論者樂觀的情緒，他們以為將來"歸納邏輯"的研究與發展也會同樣地達到這個目標。他們相信包括"演繹邏輯"與"歸納邏輯"的"科學方法"將來總會有一天達到完全形式化的地步；那麼，科學的研究便是根據"科學方法"的準則成為類似套公式的工作。根據這個"信仰"，他們強調只有應用"科學方法"所獲得的知識才是合乎理性的知識，才是真理；未能應用"科學方法"而採取的主張，則是情緒的反應或個人的偏見。

　　可是，與這種邏輯實證論者的"信仰"正好相反，近 20 年來邏輯與科學的哲學的研究成果已經清楚地說明"歸納邏輯"全部形式化是不可能的，一些"歸納邏輯"的重要部分可以形式化（不過，形式化的 adequacy 卻是爭辯不休的問題），但"歸納邏輯”中總是需要不能明説的判斷。（當演繹邏輯的“算術公式”延展到高一層的邏輯時，也被發現是不完整的。）所以今天已沒有任何科學的哲學家還堅持“科學方法”可以完全形式化的主張了。當年邏輯實證論（或邏輯經驗論）者的“信仰”只是擺出一副侵略者的嘴臉，可笑的迷信罷了。根據現代對於科學的哲學的研究，我們知道在科學的內容與科學方法之間不能劃清一道清楚的鴻溝。事實上，研究科學的方法因科學內容之改變而改變。根據貝氏原理（Bayes' theorem）的推演，理性可分為形式部分與非形式部分；形式部分可以用數學使之公式化，但非形式部分則要依靠科學家的信念（beliefs）。因此，科學方法與科學家在科學領域之內的信念是無法截然劃分的。換言之，在科學家的實際研究中，如果一個真正的因子並沒有被蘊涵在他底信念之中，歸納法中的準則並不能使他發現它。（關於邏輯與科學方法的性質及其涵義，參閱由劍橋大學出版社出版的普特南〔Hilary Putnam〕著 *Reason, Truth and History*，特別是第五章 “Two Conceptions of Rationality” 與第八章 “The Impact of Science on Modern Conceptions of Rationality”。普氏所著 *Meaning and the Moral Sciences*〔London, Routledge and Kegan Paul, 1978〕也可參看。普氏是當代甚為尖銳的數理邏輯家，近年來開始研究有關人文學科與社會科學方面的知識論的問題。他對邏輯實證論與對波普爾〔K. R. Popper〕底科學的哲學的批評，相當犀利。他攻擊把“主觀”與“客觀”、“價值”與“事實”截然二分的觀念的論式也是清晰有力的。但，這些都是消極方面的工作；他在積極方面要提出一家之言的能力與資源卻顯得很單薄。這是出身數理邏輯的哲學家難以逃避的命運，也反映了現代英美專業哲學的貧困。他在 *Meaning and the Moral Sciences* 中以贊成的語氣提到博蘭尼底"未可明言的知識"〔tacit knowledge〕時，認為他所指謂的未經形式化的實用知識，即是博氏所說的"未可明言的知識"，因為"未可明言的知識"的主要來源之一是技能〔skills〕，所以這種説法，並不是不對；但，卻顯露了他對博氏的哲學的了解是簡單而浮泛的。）

　　根據以上的了解，我們知道，在真正的人文世界與科學世界中，研究與創造活動的關鍵是博蘭尼所提出的"未可明言的知識"。（博氏更喜歡用"未可明言的知"〔tacit knowing〕這個具有動態的術語來表達他的意思。）這種"未可明言的知"並不是遵循形式的準則可以得到的。"未可明言的知"是否豐富、有效，與"支援意識"是否豐富和深邃有關。（讀者也許會問，為甚麼我總是不用"靈感"或"直覺"這些字眼來意譯"未可明言的知"這個術語。其實，靈感與直覺是與"未可明言的知"相通的。但在我們的文化中，這些陳詞常使人聯想到"才氣"，以為靈感或直覺是從才氣中得來，這與博蘭尼的看法很不同。"未可明言的知"的內容雖然最終無法予以界定，但它是從嚴格的訓練陶冶出來的——包括像學徒式地服膺自己心悦誠服的師長的看法與言論以求青出於藍，努力研讀原典、苦思、關心與自己有關的具體而特殊的問題。為了避免誤解與思想的滑脱，我覺得還是用比較生疏的直譯為佳。）換言之，學習方法與討論方法論並不能推測或指示實際研究與創造過程中最具關鍵性的活動。人文研究與科學研究是否有生機與研究者的*判斷力*是否準確有關，而判斷力的成熟與否不是學習方法或討論方法論可以得到的。

　　既然真正的創造活動不是從學習邏輯與方法論可以得到，而實際創造與研究過程的具體性與複雜性又非邏輯與方法論所能形式化，所以提倡邏輯與方法論只是提倡邏輯與方法論，並不能增加解答問題所需的思想內容。邏輯與方法論的研究僅能幫助人在思想形式上不自相矛盾，或對論式表面上矛盾的可能提高警覺而已。為甚麼要用"形式上"或"表面上"這類片語來限定前面這句話呢？理由是：如果因增進思想內容而發現從前論式中幾點意見之間有矛盾的話，那麼這種矛盾是不能在增加思想內容之前，由邏輯與方法論的幫助察覺的。

　　如果對邏輯與方法論本身的模糊性與局限性仍無所知，依然根據邏輯實證論的迷信來提倡邏輯並強調方法論的重要；那麼，很容易產生兩種沒有生機的結果：(一) 既然誤認學習邏輯與研究方法論是追尋或發現真理的道路，那麼愈把邏輯與方法論準備的充分愈好，結果便容易使人永遠在準備之中，這樣不斷地學習邏輯，研究方法論，自然容易忽略了增加思想內容的努力，如此，思想很難不膚淺。(二) 邏輯與科學方法的應用並不能增進思想的內容，只能"整理"已有的思想內容，使其表面上或形式上"合理"，可是對於相信邏輯與方法論的人而言，因無新的內容做為自我批評的根據，通常不知道這種"合理"只是表面上或形式上的"合理"。既然相信自己的看法與論式是合理的，首要之務當然是設法把它們宣揚出去，還幹甚麼要努力增進新的思想內容呢？即使他要增加自己的思想內容，也只是要增加較多的證據更能證明自己的看法與論式的合理性。在這樣自我陶醉的封閉系統中，很容易產生惡性循環：愈覺得邏輯與方法論重要，愈不易增加思想的內容，愈不增加思想的內容，愈容易繼續認為邏輯與方法論重要，所以，特別注重邏輯與方法論的人，很難避免形式主義的謬誤。

另外，提倡方法論的重要，很易產生韋伯所說的"青蛙之疫"。（舊約）《出埃及記》第八章記載了下面一段故事："耶和華吩咐摩西去見法老，要求准許他帶領以色列人離去，法老不肯，耶和華就使摩西的哥哥亞倫的手杖產生神力，教他把手杖伸在江、河、池塘之上，裏面的青蛙就大批跑到陸地上來了，糟蹋埃及的四境，進了宮殿，進了臥室，上了牀榻。在這個時候，埃及的術士，為了維護自己的地位與聲譽，也用他們的邪術照樣而行，叫許多青蛙離開水中，跑到陸地上侵襲各處。"方法論的著作，對於一般不知情的人而言，好像帶有點金術的神奇，一個撰寫過邏輯的人，常被人認為一定會做思想的工作，至少腦筋清楚是應該沒有問題的；一個撰寫過史學方法論的學者常被人認定是很會研究歷史的。就這樣，一個人寫了一本方法論的書，另外一個同行為了維持自己的地位與聲譽，就也寫一本方法論的書，學者們寫來寫去，學生們看來看去，方法論遂變得猖獗不堪。這便是韋伯所恐懼的"青蛙之疫"。那麼，也許有人要問：為甚麼韋伯自己也寫了好幾篇有關社會科學方法的論文呢？而我在本文所談的，人文重建所應採取的方法與態度不也是可以歸類到方法論去嗎？韋伯的答覆，我是贊同的：（一）他有關方法論的著作，不是為了強調方法論的重要而寫；（二）他覺得一些人的研究已經誤入歧途，他底有關方法論的文章是為了矯正別人的錯誤，使他們更能清楚地知道他們工作的性質而寫的。至於個別的重大與原創問題的提出，以及如何實質地解答這些問題，不是方法論所能指導的。

總之，為了矯正中國近代人文研究與人文活動的一些形式主義式的膚淺與謬誤，我在這裏不厭其煩、反覆説明的是：我們所應從事的重要工作，乃是根據內在的理知資源，以批評的態度、精密的眼光、開闊的胸懷，提出特殊而具體的重大與原創的問題，並謀求解答。我並不反對為了解普遍原理與普遍參考架構（general frame of reference）所做的努力；這種文化素養的吸取與培育，當然也是重要的。不過，以前許多人常把現成的"意締牢結"（ideology）當做普遍原理來接受，所以我們今後在接觸普遍原理的時候，不可不特別小心。同時，我們要知道，如果對於我們所關心的重大而特殊的人文現象沒有實質了解的話，我們便很難避免"意締牢結"的影響。另外，在普遍原理與普遍參考架構方面，無論一個人多麼博雅，如果他不能提出重大與原創的問題，他的貢獻是注定很有限的，甚至還有反效果。

二、自我批評的重要
—— 以檢討"中國原有理知傳統論"為例

下面我想舉兩個例子來説明如何以自我批評的方式來促進思想的靈敏與邃密。我曾一再強調，重大與原創的思想是來自重大與原創問題的提出。重大與原創的問題必須是具體的、特殊的；如果我們只能提出一個形式的或概括性的問題，重大與原創的思想便無從產生，所得的答案，如果不是錯誤的或與文化和思想之進展不相干的，便也只能是泛泛的而已。

在近代中國知識分子當中，每一代均有一些人要努力證明在中國傳統思想的發展中出現了理知的傳統與民主的觀念。這些人用的名詞有時並不一樣，彼此之間也還有一些爭執；但，他們關心的問題則大致類同。主張宋明理學，尤其是清代學術思想中有注重客觀知識的傳統的這一派理論，可以追溯到梁啟超與胡適；主張儒家思想中有民主觀念的這一派理論可以追溯到康有為。（不過，從政治利益的觀點，主張儒家思想中具有民主觀念的各種說法，本文無意加以討論。）然而，由於提出問題的人在事先未能做深切的自我批評與反思，這種問題的提出，不但不能促使思想的進展，反而可能導使思想界產生混淆，以致阻礙了思想的進展。

關於中國傳統中並無民主的觀念，我在答覆《暖流》雜誌的訪問時（已收入拙著《思想與人物》〔台北：聯經，1983，頁277-292〕），做過一些說明，此處不擬重述。至於中國傳統中是否有注重客觀的思想呢？從常識的觀點來說，答案當然是肯定的。其實，人類任何一個偉大的文化傳統都有注重客觀知識的思想，中國文化當然也不例外。但，提出一個普遍的問題，接着得到一個普遍的答案，從注重原創思想的觀點來看，並無多大意義；討論的關鍵在於追問宋明理學中與清代學術中所謂"客觀"，所謂"理知"，所謂"科學"，是何所指？是甚麼意思？如果說，我們知道了我們有理知的傳統，這樣可以使我們比較能夠容易學習西方的科學，可以與西方的理性傳統相銜接；那麼，這種說法即使能夠免於賴文森（Joseph Levenson）所譏諷的，許多中國近代知識分子見了西洋人有甚麼好東西，就硬說自己也有的心態以外，也仍然是把事情看得太粗淺、太機械了。

我們從比較精審的科學的哲學與科學史的著作中知道，科學發展的關鍵在於重大與原創問題的提出，而這種問題的提出則與科學家所接觸的科學發展之內在脈絡及其所處的文化中特殊的基本信念具有密切的關係。他們之所以能夠提出這類問題並不是因為採取了常識中所謂"客觀"的態度，或由於常識中所謂能夠注重"事實"的緣故。換言之，從常識的觀點出發，認為科學的發展是由於科學家能夠注重"客觀"與"事實"的這種說法是很粗糙的；事實上，這種說法與科學家實際工作的距離遠到了無關的程度。一般科學家的工作是根據科學傳統中的權威 —— 孔恩所謂的"典範"（paradigm）—— 而進行的，可以說是很"保守"的。科學家所尊重的"事實"是他信服的權威所認可、所允許的"事實"，在這個範圍之外的反證通常並不能動搖他已經接受的理論。在實驗中如發現了反證的"事實"，他通常要假定反證是不相干的，希望這個反證將來可以被證明是錯誤的或反常的。在科學家的心目中，藉以了解自然現象的"思想架構"遠比孤立的、反證的"事實"更為重要。科學家們通常不是一看到反證，就去尊重這項新的事實，放棄他所依賴與信服的權威。科學傳統中權威的架構通常不是因為新的反證事實的出現而失效，而是由於原有的、權威的思想架構無法對於新的、重大而原創的問題給予適當解釋而失效。當一個偉大的科學家對於這個具有深度與廣度的新問題提出了深刻而涵蓋廣的解答的時候，他的解答起初可能遭受很大的阻力。不過，由於實驗的證明顯示，他的解答帶來了對於自然現象廣博的解釋力，他的理論便漸漸地變成了科學界新的權威架構。因此，科學中的"事實"並不是與科學研究中所認定的信念與價值截然對立或截然無關的，實際上彼此有一密切的重疊關係。

　　"客觀"在科學研究中也不是與"主觀"儼然對立或截然二分的。科學為一發現自然宇宙的"實在"（reality）的過程。"實在"有無限多的方面，無限多的層次，每一代科學家只能看到一面，後來的一代看得比較周全。（從後一代的觀點來看前一代的觀點，會發現前一代的觀點有所偏差，但這並不代表前一代的識見是完全錯誤的，只是後一代的觀點能夠更深切地觀看宇宙的秩序，更有系統地解釋它而已。）宇宙的"實在"是知識的客體，對這個客體的了解，可謂客觀的了解。但，這裏所謂的"客觀"並不與"主觀"對立，也不能與"主觀"截然二分。科學對外在客體的了解，不能拿在經驗世界中感官被動地受到外界的刺激而生的感覺來做比喻。科學對宇宙底"實在"的了解是基於科學家的主體內在資源（包括才智、求知的熱情，與在科學領域內有形與無形的傳統中經由潛移默化而得的"支援意識"），在謀求普遍性了解的意圖支持之下，與外界互相激盪而得的。科學對自然的了解，最大的特色是理論的了解，而理論的了解的資源是內在主體的資源與外在客體的資源相互激盪而形成的。更進一步地說，最具突破性的科學的發現，如愛因斯坦的相對論，往往是從一個原創性問題的提出而開始的（這個原創性問題已經蘊涵了解答），這種原創性問題通常來自科學家內在的資源，起初是與外在客觀世界沒有關係的 —— 可說是內在理性的發揮。此種問題提出以後，導致解答問題的理論的產生，這種理論雖然是源自科學家內在的資源，但因為是訴諸形式結構加以理解並經由實驗加以證實，所以具有說服性。因此，**科學理論雖然源自內在，卻不能說完全是源自主觀**。偉大的科學理論同時具有預言的力量 —— 即：未來的科學理解與實驗的證明多已包含在此一理論之中 —— 據此，我們有理由說科學理論是與宇宙底"實在"相接觸而得的。

從以上的陳述中，我們很清楚地知道科學中的"主觀"與"客觀"、"事實"與"價值"並不像實證論與實驗主義者所講的那樣。他們對科學的解釋實際上是一種化約主義的謬誤。這種謬誤導致實證論者與實驗主義者對於科學的誤解以及對於"科學方法"的迷信。實證論對學術與文化的發展影響很大、很壞，但對科學研究的影響並不大。因為，即使講起科學的哲學的時候採用實證論觀點的科學家，他在研究科學的時候通常並不遵循他自己所講的那一套教條 —— 那一套化約與形式的程序。

根據前面所陳述的對於科學理論產生的性質與過程的理解，我們知道清代的學術研究以及儒學中注重理知的學術傳統是與近現代的自然科學的研究基本不同的。（李約瑟著《中國科學技術史》中詳載大量的中國科學與工藝發展的紀錄，但他主要的目的之一，則是要解答：為甚麼這麼一個豐富的科學與工藝的傳統沒有能夠產生類似十七世紀歐洲文明的科學的突破？他計劃在最後一冊詳論這個問題的種種；不過，他在第二冊的最後一章討論中國與西洋對於“自然律”的不同看法中，已提示了甚具啟發性的解答。）我在這裏所說的兩者基本的不同，是指清代的考據與儒學中的理知傳統並未產生類似上述的科學理論。而被胡適等人所指謂的清代學者的“科學方法”也只是甚為粗淺的歸納法而已 —— 這種方法的應用與科學理論的產生，兩者之間的距離是遠到不相干的程度的。清代學者的考據工作與儒學中的理知傳統所要解答的問題，基本上，是材料的問題與原有學術傳承中的問題，這種問題，嚴格地說，不是這裏所說的科學的理論問題。

胡適等人彼此之間雖然也有一些爭執，但他們都強調中國學術中原有“科學方法”、原有注重“客觀”與“事實”（他們所謂的“客觀”與“事實”）的理知的傳統 —— 在這方面，他們的看法則是彼此類似的。那麼，他們這種意見究竟有何意義呢？究竟為甚麼總是要提出來呢？

第一，他們可能是希望這種意見的提出能夠幫助我們與西方科學傳統相銜接；換言之，使我們更容易學習現代的科學。然而，與西方科學的傳統相銜接或學習現代科學並不需要這種意見的支持。（從經驗的事實中，我們知道，許多傑出的中國科學家其所以在科學界有很大的成就 —— 其所以能夠與西方的科學相銜接，其所以能夠學習現代科學並做出很大的貢獻，並不是由於熟讀胡適等人提倡“科學方法”與強調中國原有理知傳統的著作所獲致的。）即使我們中國人研究科學的時候的確需要這種意見來支持；那麼，我們因受其影響也只能與西方實證主義相銜接，把科學看成實證主義所說的那一套。然而，實證主義對於科學的理解——把主觀與客觀、事實與信念截然二分式的理解，如前所述，已經崩潰了；從理知的立場，我們早已不可對之再繼續肯定或提倡。另外，胡適等人在五四時代提倡科學與科學方法也可能是為了排斥民間的迷信：他們認為迷信是現代化的大敵，沒有現代化就沒有富強，只有接受科學與科學方法才能打倒民間的迷信。他們強調中國有講究科學方法的傳統，這樣可以用傳統中原有的優良的一面去排斥拖累進步的另一面，並促進接受與學習西洋的科學。這種想法當時有其時代的意義。但，"五四"已遠離我們很久——快 100 年了，現在還強調中國傳統中原有注重客觀與事實的理知傳統，除了使我們知道一些學術史上傳承的事實以外，究竟有多少意義呢？——何況五四式對於科學的"理解"主要是科學主義的。

第二，中國學術研究過去常與道德的考慮、功利的考慮或政治的考慮糾纏在一起，胡適等人提倡中國原有"科學方法"與理知傳統，可能是希望把學術研究從這種傳統的糾纏中解放出來，使得純學術的研究得以獨立，促成"為學術而學術"的風氣，他們希望這樣做可以使學術得到順利的發展。事實上，"為學問而學問"只是每個學者皆應具有對於學術的忠誠態度，並不是有了這種態度就足夠促進學術的進展。由於受了胡適等人提倡科學方法以及其他因素的影響，中國人文學科與社會科學的許多學者的價值觀念產生了嚴重的混淆。許多人認為只要應用科學方法做純學術的研究，任何題材都值得研究。在這種風氣籠罩之下，任何瑣碎的考據皆可披上"純學術"的護身符得以存在。事實上，我們從前面的分析中知道，學術的進展在於重大與原創問題的提出；重大與原創問題提出的時候，不必做功利的考慮，但，不是每個純學術的問題都是重大與原創的問題，而重大與原創的問題不是應用胡適所謂的 "科學方法" 可以得到的。

第三，他們很可能在無意中表現出來了賴文森所譏諷的那種心理的需要：他們覺得西洋人有理性的傳統，所以要證明中國也有理性與理知的傳統。這樣才使他們感到心理的平衡。其實，我們又何必去跟西洋硬比呢？我們又何必拿西洋的標準來衡量我們自己的傳統呢？中西文化發展的重點不同，各有所長，不必強比，這樣比來比去實在甚為無聊。西洋的道德、藝術、文學的傳統，如拿我們的傳統標準去衡量，當然比不上我們；我們的，如以他們的標準來衡量，也比不上他們。事實上，彼此從好的一面看，都有宏富處，從壞的一面看，都有低劣的地方。一個現代的人文主義者是能用設身處地的了解（empathetic understanding）去認識、欣賞、甚至認同幾個傳統中好的方面的特色與共性，並譴責它們壞的方面的特色與共性。前已述及，我們的文化當然有注重客觀、注重事實的傳統，但這是從常識的觀點來講。如進一步去看，西洋發展出來的科學傳統中的 "客觀" 與 "事實" 並不是中國傳統學術思想中所謂的 "客觀" 與 "事實"，因為自十七世紀以來他們的科學傳統中重大與原創問題的性質與提出的方式與我們的是迥然不同的。但，沒有那個西洋傳統卻並不表示我們不能產生傑出的現代科學家。（在中國社會與文化的風氣轉變以後，研究科學與工程已經得到了精神與物質的鼓勵，一個天資不差的年輕人，如果在適當的機會中能夠專心致志地學習科學與工程，不是有不少人在十年之內就能夠變成一流的科學家和工程專家了嗎？）尤有進者，根據韋伯的解釋，西方"工具理性"的起源與喀爾文教派極不理性的宿命論有密切的關係。西方近代理性的性質與起源的問題是一繁複而辯證（dialectical）的現象，不是胡適等人把客觀與主觀、事實與信念截然二分的實證論式的或實驗主義式的觀點所容易理解的。

總之，中國近代許多知識分子強調傳統中原有"科學方法"與理知傳統的這項看法，可能是因為傳統文化架構崩潰以後，在需要學習西方浩瀚無垠的科學的急迫心情驅使之下，因茫然不知所措而產生的一種需要有路可循的心理依傍。預設的、約定俗成的文化與思想架構崩潰以後，最容易產生"意締牢結的"（ideological）反應，此乃其中一端而已。這種現象是可以從歷史的觀點加以理解的。站在這個歷史觀點，一則我們無需過分批評前人——因為他們的錯誤是與歷史條件的限制有關，二則我們因為已經知道了過去的錯誤，所以需要超脫過去的錯誤。站在理知的觀點去考察，他們之所以產生了這項誤解以致導致思想界的混淆，這與他們未能對自己的觀點與觀念加以深切的自我批評與反思是有關係的——他們是不能完全辭其咎的。胡適之先生一生提倡他所謂的"科學方法"，數十年如一日，從未對自己的看法有所反思與懷疑，這是他缺乏自我批評的明證，可見他一生所提倡的"懷疑精神"，只是一句口號而已。

蘇格拉底説：“生命如不訴諸批評的省察，這種生命是不值得活下去的。”(Life is not worth living if it is not subject to critical examination.) 人性最大的光輝是：我們有天生的道德資質，以及在思想上經由反思而能自我改進的理知能力。今後中國有識之士，必須以這兩種內在的資源為基礎，從認清我們自己特殊而具體的重大問題出發，重建中國的人文。

原載《聯合月刊》，第 14 期 (民國七十一年 (1982) 9 月)

反思儒家傳統的烏托邦主義 *

本文的出發點：

(一) 儒家傳統中的不少觀念，包括家庭倫理（父慈、子孝、兄友、弟恭）、社羣甚至社會中人們彼此相處之道（"己所不欲，勿施於人"）、人生（尤其是知識分子的人生）企向的遠大與堅定（"士不可以不弘毅，任重而道遠。仁以為己任，不亦重乎？死而後已，不亦遠乎？"；"三軍可奪帥也，匹夫不可奪志也"）、以及生命的安頓（"居易以俟命"）等等，仍然在現代生活中以及個人積極自由所需要的道德鍛煉方面有其重大的意義。

(二) 不過，儒家傳統的政治思想是貧弱的，主要是由於它對權力運作的各種問題理解得不夠深刻，像艾克頓勳爵所說的"權力趨向腐化，絕對的權力，絕對地腐

---

* 此文原載於《北京大學華人哲學家會議論文集》（北京大學哲學系，2012 年 10 月），頁 9-14。這裏發表的是數次修訂後的版本，最近一次完成於 2015 年 5 月 1 日。對於北大哲學系的邀請及各項安排，使得本人得以欣然赴會，謹此致謝。

化"，儒家傳統中的思想家們是說不出來的。他們從來沒有想到要把權力分化（分隔），使彼此相互制衡。他們反而認為權力要集中，"定於一"。本文就是要談談儒家傳統政治思想方面的問題。這是一個十分複雜的問題。我在有限的時間之內，只能對這方面的幾個重點，作一些分析與說明，不求整全。

I.　兩種理想的區分

(1) 一定程度之內可以在人間落實的理想；

(2) 虛幻的、不可能在人間落實的 —— 所以，是不合理的 —— 理想（烏托邦主義所指謂的理想）。

若是不做以上的區分，在某些歷史條件下與其他因素互動以後，人們不但可能而且極易把不可能實現的目的當作可以實現的目的，為其奮鬥，為其犧牲 —— 甚至產生目的愈偉大，愈有為其奮鬥的幹勁，為其犧牲的精神。這種現象，在思想上，是把焦點放錯了地方 —— 可稱之謂**焦點錯置** —— 的結果。一切終將徒勞的努力與犧牲，是不應該為其進行的；歷史證明，在一些情境中，政治、經濟、社會、文化與思想上的理想的**焦點錯置**，其後果是極為嚴重的。

在中文語境中，有人會說："求其上，得其中"、"取乎其上，得乎其中"，目標不妨崇高，即使達不到，只要達到一半也是好的。問題是：是否任何目標，無論多麼崇高，即使達不到，總可達到一半？事實上，有些崇高目標不但注定達不到一半，甚至根本一點達不到，而且能夠，在一些歷史條件下，掀起為其奮鬥的激情。這種激情如果變成全民參與的運動的話，其災難性的後果是難以避免的。二十世紀英國思想家伯林說得好："如果一個人決心要做一個十全十美的蛋餅，他不會在乎打破多少雞蛋！"[1]

"求其上，得其中"、"取乎其上，得乎其中"，這種"常識性"的看法，無法改變儒家傳統影響下的政治思想——極端好高騖遠，希望聖王再起，帶來至高無上、圓滿的人間治世的——思考方向。問題的關鍵在於取法乎上的"上"是哪一種"上"？到頭來，人間的理想確實需要加以區分。人們應為，一定程度之內，可以落實的理想奮鬥，在這個脈絡中"求其上，得其中"、"取乎其上，得乎其中"才有正面意義。如果目標崇高到根本達不到，如仍要為其奮鬥，為其犧牲的話，其結果常是災難性的。[2]（至於如何弄清楚，在一定程度之內，甚麼才是可在人間落實的理想？這是另一複雜的問題，只得另論。我在這裏只想說：往這務實方面的努力所需做的工作之一是：汲取蘇格蘭啟蒙運動及其二十世紀的發展所提供的資源。）

---

1 Isaiah Berlin, *The Proper Study of Mankind: An Anthology of Essays*, eds. Henry Hardy and Roger Hausheer（New York: Farrar, Straus and Giroux, 1998），"The Pursuit of the Ideal," pp.1-16, esp. p.13.

2 "大躍進"與"無產階級文化大革命"是現代世界史上兩個烏托邦主義帶來巨大災難的顯例。"文革"的成因，非常複雜，其中政治鬥爭佔着一個很大的比重。不過，我不贊成把"文革"完全說成是政治鬥爭。這種極端政治化約主義式的解釋，把複雜的、許多因素互動的歷史，看得太簡單了。

II. 為甚麼在儒家傳統影響下，人們不容易對理想進行區分（因此，常把不可能實現的〔烏托邦式的〕偉大理想當作可以實現的理想）？

(1) 聖王之治是"歷史事實" —— 兼論"聖王"理念的兩個來源

儒家傳統一向認為聖王之治（堯、舜、夏禹、商湯、周文、武王 —— 所謂"二帝三王"或"堯舜與三代"）是在歷史的時、空之中已經完全具體實現的**"歷史事實"**。然而，堯舜禹湯屬於傳説時代。[3] 周文、武王距離孔子已 500 餘年，孔子刪詩書，於人文理性化的過程中，難免滲入道德的想像。儒家傳統以溯源的方式來肯定它的主張的傾向，可能從孔子（甚至周公）已經開始。在後來儒者的心靈中，此種傾向變得更為強烈，常常把他們想像的、認同與讚賞的，追溯為遠古聖人的主張以及在他們的領導下人間的現象。[4]

3　徐旭生：《中國古史的傳説時代》（桂林：廣西師範大學出版社，2003），頁 4："傳説時代的範圍，上限未能定，下限暫定於商朝的盤庚遷殷以前。"傳説中的堯舜禹湯可能實有所指；不過，其與實際情況不可能是一回事。另見書中第 5 章討論"五帝起源説"，頁 230-252。

4　人文理性下"內向超越"的人性論與原初超凡的、聖王神秘性理解（詳下），兩者匯和以後，像一個大口袋。歷代儒者便把他們所想像的，希望得到的"聖王之治"的內容均放入其中，"聖王之治"遂變成了一個無所不包的、美好的極致範疇。例如，《孟子・離婁上》："聖人，人倫之至也"，《荀子・禮論》："聖人者，道之極也"，《大戴禮記・哀公問五義》："所謂聖人者，知通呼大道，應變而不窮，能測萬物之情性也"，《河南程氏遺書第十一・明道先生語》："如鳳凰來儀，百獸率舞之事，三代以降無此也"，"三代之治順性者也"（根據程朱理學的看法，"性"即理；所以"三代之治"，天理流行）。

聖王之所以能夠成為聖王，乃是由於他們能夠發展其人性中的良知、良能至其極致的緣故。未來的人，其中頂尖的優秀者，當然也有可能發展他的人性中的良知、良能至其極致而成為聖王。這是從儒家傳統人文理性化的觀點來說。

對於聖王的信仰也有其超自然、神秘性的淵源。"聖"在甲骨文中從"耳"，指的是聲入心通上帝的意旨。甲骨卜辭中經常出現"王占曰：'……'"，這顯示殷王同時是大巫師[5]，其權威與權力的來源可能來自他通達上帝意旨的特殊地位與能力。此乃中華文明遠古"政教合一"的原型。其神秘性與神聖性在儒家人文理性化的"內向超越"的籠罩下，變為隱含的背景（或暗流）。由於這種不明說的認定與肯定，"聖"被認為具有特殊與上帝溝通的管道並得到上帝特殊的賜助，它支持着儒家傳統"大德者必受命"的信心。同時，它支援着，聖王於遠古時代，以其超凡的能力帶領人間臻於治世之極致的"歷史認識"，以及，面對未來，聖王再起，將要發揮相同的領導能力的信仰。

然而，凡是人都是有限的，不可能十全十美。所以，聖王的理想是虛幻的、不可能實現的。儒家正統裏的人，卻不可能接受這一看法。因為，聖王之治，終極地說，乃

5　"聖"右上角的"口"，有人解釋為嘴口的口。此點，甲骨文學者們頗有爭論。此處暫存不論。本文關於"聖"的說明曾參考窪田忍：〈中國哲學思想史上的"聖"的起源〉，《學人》第一輯（江蘇文藝出版社，1991），頁 209-253。關於甲骨文中巫與王的合一以及"天人合一"的起源，參見余英時與張光直兩先生的有關論述。

是儒家傳統中牢不可破的宗教性信仰；信教的人之所以信其所信，乃是由於他們認為他們的信仰完全符合過去、現在，與將來（要發生的）事實之故。

(2) 人的宗教的興起：接合"聖"與"王"的政教合一的理想在中國傳統中根深蒂固的根本原因

作為聖王的政教合一的極致已經落實於遠古人間的觀念，之所以如此穩固，究極地說，是因為它是中華文明自己發展出來的，不但是政治的最高理想，而且也是一種人的宗教。

人的宗教是指：對於聖王與聖人的崇拜。不過，儒家傳統的古代文獻中顯示"天"是神聖之源，人性參與天道，與"天"有其內在或內傾的有機式聯繫，所以可以上通天道。然而，把人性中的良知、良能發展至其極致的聖王與聖人不是"天"。他和他的良知、良能的神聖性，終極地說，是從"天"那裏來的，是第二序位的。古代文獻中，偶而有把"天"推向更高的超越境界的話，如〈中庸〉："肫肫其仁，淵淵其淵，浩浩其天"。可是，中華文化的基本精神與猶太教、基督教先知傳統所發展出來的一神教的文化傾向是極為不同的，也沒有維護一神教的教會組織與教士階層。人性本身的神聖成分，雖然在邏輯上、形上學上，是第二序位的，這種意識在多神教與"內向超越"的背景下，並未阻止對於聖王與聖人崇拜的興起，以及漢代以來政教合一的制度下，對其崇拜的宗教儀式的發展與鞏固。

　　這種對於人性不假外求，其良知、良能可以上通天道的觀念，在中華傳統文明結構（秩序）已經解體，因此它本身的內在節制性也隨之解體的情況下，反而發揮着更大的感染力。（中華傳統文明的結構〔秩序〕解體以後，其中有的成分死滅了，另外，有的成分在離開傳統結構的纜繫以後，變成了游離分子，可能與新的，非傳統的成分產生結合。在這種新的結合中，來自傳統的成分與外來的，新的成分可能相互加強而發生更大的力量。）當毛澤東為其烏托邦式的目的找尋強大資源，以便動員羣眾參與建設"共產主義天堂"的時候，傳統人性中的良知、良能本來只能由極少數的聖王、聖人發揮至其極致，因而可以完全而徹底地上通天道的觀念，便簡易而粗糙地滑落成為對於全民的崇拜。《孟子》所載：曹交問曰："人皆可以為〔經過努力成為／做到〕堯舜：有諸？"孟子曰："然。"在毛澤東筆下，於 1958 年 7 月"大躍進"熱烈推動期間，便變成"六億神州盡〔都是〕舜堯"了！既然中國人，在毛的領導下，都已經是堯舜了，"共產主義天堂"，當然可以用跑步的方式，快速地達到。（然而，正如史華慈先生所説，"作為神的人，是眾神中最壞的神。"[6]）

　　其他許多宗教傳統，當然也有天堂的觀念。但，"天堂"的實現，需要具有超越力量的"神"的帶領。人間苦

6　見普特南（Hilary Putnam）引述史華慈（Benjamin I. Schwartz）的話，林同奇訪問記錄，〈人、神、自然：憶老友本・史華慈 —— 希・普特南教授訪談錄〉，林同奇：《人文尋求錄》（北京：新星出版社，2006），頁 109。

難獲得"解救"（salvation），達到"彼岸"，不是各方面有限的人類自身的努力可以完成的。

另外，由於"解救"是未來的事情，信仰者在其意識的底層難免有"懷疑"的時候（許多信仰者〔包括 Mother Teresa 等〕的自述多有記載），需要運用各種方法來克服。傳統儒者對於"聖王神話"的信仰，是無所懷疑的；除了他們相信那是"歷史事實"所起的重大作用以外，聖王的信仰，對於傳統中國人而言，涉及人類是否終將獲得"解救"[7]的最高關懷（因為聖王之治時，天下有道，天理流行，人間的不公、不義均要得到解決），其重要性，可說是無以復加的。在傳統中國的文化環境中，放棄了它，等於放棄了對人間的不公與災難是否終將獲得"解救"的希望！因此，除非另有宗教取代儒學在中國傳統的主流地位，對於"聖王"及其"再起"的信仰之所以牢不可破，是可以理解的。

(3) 為甚麼對於"聖王之治"的崇拜帶給"家天下"朝代制度下的儒家政治思想，一個解不開的死結？

秦漢以來一直到 1911 年，二千餘年來的傳統中國政

7　從"外在超越"的觀點來看，使用"解救"來形容"聖王之治"，並不很合適。因為西方的上帝是宇宙之外的神聖力量，他可以帶領信徒超越"有限"達到"無限"（包括"突破"有限的生命而獲得"永生"等等）。然而，中國的"內向超越"也有其"超越"。正如自然界有量變成為質變的現象。聖王發展人性的"量"至其極致以後，也可成為"質"變；超越（突破）人間恆常的不公、不義的層次而達到人間天理流行、一片潔淨的層次，何況這樣的"超越"也有"聖王"的"聖"的成分神秘性的淵源。所以我們可以用"解救"來形容對於聖王的信仰。

治制度，是"馬上得天下"、外儒內法的世襲"家天下"專制制度。建立新王朝的君主，絕大多數是以軍事暴力征服敵手，獲得至高無上的軍事與政治權力以後，自我聲稱（或近臣代他說）自己是"以德受命"的"天子"。"家天下"的統治者，以保持自己及其家族利益為第一優先。這樣的統治者，怎麼能把他講成"以德受命"、以大公無私的心態實行德治了呢？"天命"的說法，其政治宣傳的含義，不言而喻。（朝代制度所自我聲稱的天命觀是 ipso facto 論證〔根據"馬上得〔了〕天下"那個事實，來說自己是"以德受命"的"真命天子"〕，在邏輯上是不能成立的。）

事實上，傳統的大儒，如朱熹、王陽明、黃宗羲等，對於如此明顯的矛盾，當然是理解的。不但理解而且理解得很沉痛。所以，他們說，"三代"以後自稱實行"王道"的"天子"，事實上，是"霸"，不是真正以德受命的"王"。朱熹甚至說："堯舜三王周公孔子所傳之道，未嘗一日得行於天地之間"。面對明代君主更加殘酷的暴行與任意性，黃宗羲對於"家天下"統治的種種，理解得更為透徹，說得也更為直接。他說：後世的"天子制度"，實際上是"以我之大私為天下之大公"。

既然如此，為甚麼這些大儒們，從來就沒有直面一個真正應該面對的根本問題：秦漢以來的"家天下"朝代制度既然如此不堪 —— 如此不適合落實他們朝夕懸念的仁政理想，為何他們不去思考一個替代品？這是一個至為複雜、重大的問題。今天無法詳論。我只能極為簡略地交代一下我目前的思考梗概。

首先，有人會説傳統中國沒有言論自由的法治保障。恐懼迫害，也許是阻止士君子思考天子制度"替代品"的背景因素。對於一般儒者，這當然是極為可能的原因之一。然而，歷史記載，特立獨行的志士仁人為了理想無畏犧牲的例子太多了；何況，他們還可把犯忌的著作藏諸名山，以俟來者。所以，制度上與思想背景上的限制，大概起着更為關鍵的作用。任何人進行思考的時候，均需參考一些東西來思考，而不能憑空思考。中國的政治制度自從新石器時代一直到 1911 年，都多少與"家"及其衍生物有瓜葛，從來沒有，像古希臘那樣，突破"家"的模型及其衍生物而進入（與"家"及其衍生物沒有瓜葛的）亞里斯多德所謂，作為"邦國"（the state）的城邦政治。另外，傳統儒者受到了三項堅不可破的思想限制：（1）儒家傳統"內向超越"的限制；（2）循環史觀的限制；（3）宇宙運會觀的限制。

儒家傳統"內向超越"的超越性不夠。它只能使人看到理想與現實的矛盾；因為它的超越是內向的，只能反求諸己，使用它所界定的人的內在精神與思想資源，努力達到傳統所界定的理想，而不能提供一個更具超越性的"槓桿"來轉化理想本身[8]。

傳統的理想，則是合"政""教"合一的聖君賢相的人

8　"槓桿"的比喻最初是 S. N. Eisenstadt 教授提出來的。

治之極致。在儒家傳統中，"內向超越"的理念於思孟學派中發展得較為完整。思孟學派對於"內向超越"的解釋到了宋代理學興起以後，才成為儒家思想傳統中的主流。從思孟學派的觀點來看，"天道"是超越的、無限的，儒家對此當然並非不知，孟子所謂"盡心、知性、知天"並非指謂對於超越的天道完全的掌握。然而，儒家"內向超越"的觀念，使人與宇宙有機地融合在一起 —— 人性參與永恆與超越的天道，因此天道可在"盡性"中由"心"契悟與體會。換言之，"超越"可經由*內向*的途徑由"心"來接觸與理解，進而體現之。"內向超越"的觀念導致人與"超越"銜接與溝通的特殊方式：不假外求，直接訴諸生命中人性的實踐。"道心"不是由"啟示"得來，它是從"盡性"與"踐仁"的實際生命過程中，由"人心"內省、體會，與契悟而得。

深受這樣的"內向超越"形塑的中國文化，其影響可分兩方面來談。在個人做人（或稱為：不涉及政治的"私人領域"）方面，深受中國文化薰陶的人，自然對於生命本身的活動有着誠敬的執着。這是建立在生命及其歷程自有其意義的信念之上，而這樣的信念是源自人與宇宙並未分離為二 —— 人的生命與宇宙永恆的生命乃是"有機地"整合在一起的體認。宇宙既然是意義之源，人的生命及其歷程本身也蘊涵着深厚的意義。所以，生命歷程的各個階段，都有其莊嚴的意義在，自當珍惜。體現這樣純正中國文化成分的人，待人以誠，有情有義。[9]

　　但在涉及政治的"公領域"方面，中國文化本身所能提供的資源是相當貧瘠的。從儒家傳統的思想背景來考察儒者如何面對"家天下"的君主自稱是"以德受命"的"天子"的問題，便可清楚地看到"內向超越"的限制。儒者們雖然知道由"馬上得天下"，世襲的君主不是真命天子；但，在他們的"內向超越"觀無法提供一個超乎現世的槓桿來思考現有的世襲朝代制度的替代品的條件下，他們卻有充沛的資源來強調教育與道德勸說的功能。"家天下"的統治者，當然也是人，凡是人均可經由教育使其自覺人性的資源與光輝。如此，君主的氣質變化了，他由他的人性的自覺，契悟天道，自然要努力去做以"天下為公"為出發點的聖君。

　　在"家天下"的專制制度下，"內向超越"賦予儒臣極大的希望與信心，使他們覺得只要能成為帝師，"致君於堯舜"的方案是可行的，早晚能夠成功的。既然如此，他們當然不會往另外一個方向，去探索現有制度的替代品了。

　　然而，事實上，儒臣作帝師的決定權不在儒臣手上。君主與儒臣的地位是不對稱的。即使有幸有機會做了帝

9　這幾句話原是我為董永良著《回首學算路》(台北：商務，2007)頁 viii-ix 寫的序文中的話。感謝嚴搏非先生的提醒，他認為這幾句話，也應保存在我自己的著作中，藉以更直接表達出來，我對儒家傳統的理解與評價是多元的，有批判，也有肯定——那要看涉及到哪一方面。

師，能做多少也是由握有權力主體（主權）的君主來決定。
這種從"內向超越"衍生出來的辦法，無論就思想內容本
身或歷史具體的事例來看，都明確顯示着唐吉訶德的性
格。面對如此局面，較為"硬心腸"的儒者，如黃宗羲，
卻也仍然未能往探索取代"家天下"替代品的方向去思
考。在中國傳統文化結構（秩序）尚未解體之前，他似乎
也只能如此。梨洲先生對於"家天下"專制的災害的反思，
淋漓盡致；而他正面所提出的解決問題的辦法，卻只能發
展孟子"民貴君輕"思想致其極致而已。他在《明夷待訪
錄》〈原君〉、〈原臣〉、〈原法〉、〈置相〉、〈學校〉等篇所說
的"君臣分治天下"、"君臣共曳木之人"、評擊明朝廢宰相
一事、主張置相與天子共議政事，以及建立學校為輿論中
心對政事發揮壓力等等，這些，和傳統儒者一樣，只是說
說應該如此而已。因為沒有主權在民的觀念，對於*如何*才
能落實他的建議，也仍然是沒有答案的。至於"有治法而
後有治人"中的"法"，指的是"法度"的意思。這與西方
自希伯來、希臘、羅馬、經過中古演變至今的 the rule of
law（法治）的觀念，是根本不同的。在中文世界裏，有的
學者把梨洲先生的政治思想稱作是早期的中國民主思想。
那種說法是有問題的。如前所述，黃氏思想中，既然沒有
主權在民（popular sovereignty）的觀念，很難把它說成是
民主思想，雖然那是極強的民本思想。（"主權在民"的觀
念，必須與其他條件配合，才能成為民主思想的基石。霍布
斯的"主權在民"觀念，卻讓渡給作為專制統治者的君主，以

便脫離“每個人和與每個人戰爭”的“自然狀態”。洛克的“自然狀態”不像霍布斯的那樣恐怖，而且他信奉基督教，他的“主權在民”觀念，則成為他的法治之下民主思想的基石。）

梨洲先生最終的希望，與傳統儒者沒有太大的不同。他雖然在《明夷待訪錄》寫完了以後，於〈題辭〉中察覺到，孟子所謂天下“一治一亂”、“五百年必有王者興”是與歷史事實不符的，因為“三代”以下，只有“亂”而無“治”。這樣的觀察，本來是可以促使他重新考慮歷史循環論的可信性的；然而，他的宇宙運會觀卻把他從動搖的歷史循環論中“挽救”回來：“乃觀胡翰所謂十二運者，起周敬王甲子以至於今，皆在一亂之運；向後二十年交入‘大壯’，始得一治，則三代之盛猶未絕望也。”

書中，他的建都金陵、重定天下之賦，以及反對把金銀當作貨幣交易等等實際上的改革建議，也均希望“有王者起”、“後之聖王”出，以便使之落實。

總之，傳統儒者仍然在“內向超越”、宇宙運會觀與歷史循環論[10]相互加強的惡性循環中起伏，他們持續相信“解救”人間不公、不義的聖王終將再起，其精力也就浪費在他們以為可以落實，而實際上根本無法實現的唐吉訶德式“致君於堯舜”的努力中了。

10　支持宇宙運會觀與歷史循環論的材料，儒家傳統中，俯拾即是，如“三代之治，順理者也。兩漢以下，皆把持天下者也。……若三代之治，後世決可復。”“蓋氣自是有盛則必有衰，衰則終必復盛。”（《河南程氏遺書》卷十一〈明道先生語〉及卷十五〈伊川先生語〉）。

III. 儒家烏托邦主義的現代影響 —— 兼論毛澤東的烏托邦主義與權力運作之間互動的邏輯

二十世紀的中國，傳統秩序已經解體，在其本身的內在節制性也隨之解體的情況下，其中不少成分反而發揮着更大的感染力！傳統中國的烏托邦思考模式與馬列主義的烏托邦主義相互加強以後，使得現代中國激進的左翼意識形態更為強大。馬列主義與毛思想強調它們的 "科學性"、"道德性" 以及 "歷史的進步性與必然性" —— 它提供給它的信仰者更為具體的達成其崇高理想的方案與步驟。這種激進左翼意識形態的信仰與儒家傳統認為，人間終可實現 "聖王之治" 的烏托邦主義相互加強以後，使得，如前所述，毛澤東充滿信心地去動員羣眾，以便 "跑步進入共產主義天堂" —— 其災難性的後果應該是世界史上的共識。

這個世界史上空前的災難 —— 包括 "大躍進" 所造成數千萬人餓死的史實 —— 原因當然非常複雜。不過，如要認真探討其原因與後果，一個不能迴避的問題則是：毛澤東以他的烏托邦主義動員羣眾與他的權力運作之間的內在邏輯，以及上述現象所產生的異化與自我顛覆的後果。

毛是以動員全民參與他所領導建設 "共產主義天堂" 的運動，來求其目的早日實現的。就毛以崇高的理想來促使（或驅使）羣眾參與建設 "共產主義天堂" 而言，烏托邦主義既是目的也是動員羣眾的手段。為了使這手段更有效率，他當然有強力提倡崇高理想的必要。在"大躍進"尚未露出敗相之前，如此動員羣眾的手段，確實十分有效。理想訴求愈崇高、愈能號召羣眾發揚獻身精神，毫不懷疑地遵從毛主席的指示。同時，領導全民建設"人間天堂"的毛澤東也就愈有威信，愈有權力 —— 任何阻擋毛的想法與措施的人，都是全民公敵，因為那個人阻擋了全民進入天堂之路。然而，愈有威信與權力的最高領袖，愈自以為是、自我膨脹。因此，也愈濫權，愈不負責任，其權力與想像愈有任意性（以致毛澤東居然相信 —— 完全違反自然規律和他早年農村經驗的 —— "畝產萬斤"的荒誕說法）。這個追求崇高理想，全民參與的烏托邦主義運動所造成的絕大災難也就難以避免。

　　以上說明：作為（動員羣眾的）政治工具的烏托邦主義顛覆了左翼烏托邦主義。這是烏托邦主義的異化，換言之，它的崇高目的，雖然事實上根本不可能達到，在被當作政治工具使用以後所產生的後果則是：它本身的理想也產生了異化，因為它背叛了它自己！

史華慈（Benjamin I. Schwartz）、林毓生對話錄——一些關於中國近代和現代思想、文化，與政治的感想 [*]
（附英文原文）

小引

　　這篇〈對話錄〉是以英文用書面和長途電話在 1975 年 12 月進行的。由於譯成中文的過程甚為艱苦，又加上別的事耽誤了不少時間，直到第二年 5 月才譯好，把稿子寄給香港《明報月刊》（刊於 1976 年 6 月號）。

　　現在重讀，筆者感到其中的主要內容，經過時間的考驗，是

---

[*]　　史華慈簡介：1916 年生於波士頓，1999 年在麻省劍橋辭世。二戰期間應徵入伍，被派赴美國空軍日語訓練營學習日語，然後擔任美軍對於日本軍方秘密通訊的破解員。退伍後入哈佛大學研究院，1950 年獲得歷史學與東亞語言博士，同年留校任教。多年來擔任該校歷史學與政治學李奧威廉斯講座教授，並曾應邀赴牛津大學，擔任伊士曼講座教授。
　　史先生出身西方思想史，而非漢學；哈佛大學的學士論文，寫的是帕斯卡。他是以世界史的眼光，比較思想史的視角，來治中國史的。史先生是沉思型學者；素以分析精微，見解深邃，聞名於世。著有 *Chinese Communism and the Rise of Mao*（1951），*In Search of Wealth and Power: Yen Fu and the West*（1964），*Communism and China:Ideology in Flux*（1968），*The World of Thought in Ancient China*（1985），*China and Other Matters*（內含 "The Rousseau Strain in the Contemporary World" 與 "A Personal View of Some Thoughts of Mao Tse-tung"）（1996）。

有持久性意義的，包括：史華慈先生對於中共自 1949 年建國以來，在其上下翻騰的歷史中提出來解決問題的辦法本身，除了解決不少問題以外，卻又產生了許多新的、嚴重的問題，以致用史先生的話來說："未來仍在未定之數"；他對於西方自由主義核心內容的精要簡述；他，作為"一個深切關心近現代西方問題的"西方知識分子，為甚麼會對儒家思想傳統的兩個主題（〔1〕個人——至少那些屬於"創造的少數人"——"具有道德上與精神上自我改進之內在能力的信念"，〔2〕"行使權威的個人的道德與理智素質"在政治與社會中所具有的關鍵性的認識）特別感到興趣的理由；以及史先生關於筆者提出的對於中國自由主義，由於對作為目的的個人之不可化約的價值缺少系統性的認識與堅持以致缺乏"純正性"的批評的回應，等等。

一、中國的反傳統民族主義

　　林毓生：民族主義是今日世界中每個國家都普遍感受到的，很佔勢力的激情之一。但是中國的民族主義似乎是屬於一個特殊的類型。雖然中國並不缺少基於民族主義的衝動而去顯耀中國過去的人；近代與現代中國的一個主流卻是：為了民族的生存與發展而對中國傳統的反抗與抨擊。你覺得這種反傳統的民族主義，對於中國現在與將來的社會與文化有何含意與關聯？

　　史華慈：我以為，至少在近代中國知識分子的思想的自覺層次上，"反傳統的民族主義"的確是一個主流。當然，"反傳統的民族主義"在世界其他地方並不是沒有。回教與印度教雖然並未像中國儒家思想、道家思想與佛教那樣，遭受正面的猛襲；但，許多阿拉伯國家與印度的民族主義知識分子與政客，對於他們的傳統的獻身是相當膚淺而不純正的。而且，在這些地方也曾發生過有力的、直言無諱的反傳統運動。不過，中國的反傳統思想對傳統之直言無諱的攻擊是最為出眾的。這種反傳統思想已在中共官方的意識型態中，佔有相當固定的地位。

關於這項"中國特異性"的原因，林先生，我知道你已撰有很有見地的著作。我們從前也常在一起討論這個問題。不過，你現在希望我談的，不是這項"中國特異性"的原因，而是它對中國社會與文化的含意與關聯。

我首先要說的是，在比顯明的反傳統思想低一層的意識中，一些來自中國過去的傾向，在中國大陸仍然非常活躍。我知道，此項觀察常為兩類意見相反的人所同樣不喜。第一類人是那些毛澤東主義者，他們相信中國的新秩序是代表與過去的根本斷絕；第二類人是一種中國文化傳統的保衛者，他們自認中國過去的文化為一和諧的、整合的，與毛澤東主義毫無相同之處的傳統。我個人的看法是：經過數千年發展而成的中國文化遺產，實際上包含了許多衝突的趨勢與（因不同傾向而產生的）內在緊張。因此，我以為，一些來自過去的傾向——即使未被公開承認——完全可能仍然非常活躍；而另外一些傾向，不是已被嚴酷地壓制下去（但，卻有東山再起的可能），便是可能真正失去了內在的活力（無論其結果是好或是壞）。

即使在自覺的層次上，與中國過去溝通的管道也沒有被割斷。反傳統思想甚至尚未完全壓制得了"誇耀中國過去"的衝動。尤有進者,毛澤東主義式的借古諷今的癖好,使得現在與過去的關係微妙而活潑地開放着。(毓生按:這種開放,使得大陸上的中國人民仍然保持着與中國過去許多方面的接觸;因此,也預伏着將來產生許多對過去不同的看法與解釋的可能。)職是之故,中國與其過去之關係這一問題,我覺得尚未判然地得到"解決"。無論台灣官方的新傳統主義政策,抑或中共官方的反傳統主義政策,都不能對未來中國與其過去之關係預為決定。即使將來對這個問題能夠獲得全盤性的解決,我覺得我們現在仍然是在尋求解決的路途當中。因此我依然並不準備對未來作一言以蔽式的推斷。

二、自由主義與中國

　　林毓生:在五四時代的初期,自由思想與自由思想所肯定的價值在中國相當盛行。但,中國自由主義為甚麼失敗了呢?它之所以失敗,是不是因為沒有適於它發展的政治、社會,與經濟的環境?不過,在五四當時,許多人把個人價值當作手段的態度遠超過了把它當作目的的看法;中國自由主義的失敗,是否也與它缺乏自由主義的純正性有關?我覺得,即使中國自由主義清楚地掌握了個人價值之真正意義,視個人為一不可化約的價值,實際上的結果也不會有多大不同。然而,中國自由主義,將因此獲得一項真實的悲劇意義。胡適對杜威實驗主義的鼓吹,是否與誤使個人主義所肯定的價值比較容易當作手段的這項思想上的混淆有關?雖然杜威在他的思想開端預設了一些基本的個人主義價值，作為價值的價值，在杜威哲學內並無地位。杜威總是怕被價值所僵固；他永遠根據對他所了解的對於科學方法的信仰，企望着對世界加以不斷的改變。胡適對個人主義的價值，有時也曾加討論；但，他對杜威所持科學方法的觀念之擁護與鼓吹，卻更為有力。胡適是否因此混淆了自由個人主義；換言之，他是否因此使自由個人主義喪失了它的特性？[1]

　　史華慈：關於甚麼是自由主義實質的核心這個問題，在西方本身，也仍是一個激烈辯論的題目。在一個適當的範圍之內，我願意自稱是一個自由主義者。（不過，對我而言，自由主義絕未解答所有的問題。）在這個適當的範圍之內，我覺得，我對甚麼是自由主義正確核心的意見與你的很接近。這種意見包含對"個人為一不可化約的價值"的了解。更實際地說，它對於如何建立一個保障個人價值的社會與政治制度，甚為關心。這種自由主義包含了一個基本的預設：任何國家的主要目的之一，應是保護與維持每個個人的身體與精神的完整。在消極一面，它從原則上否認，任何領袖或少數精英分子，會在道德上或理智上永不犯錯，並反對基於這種迷信（或專橫）而產生的對於每個個人的精神與身體的權利的藐視。作為一個社會與政治理論，自由主義並不規定每個個人的生活目標應該如何。它既不蘊涵古典經濟學所謂"經濟人"的意思，也不贊成那一類

1　關於筆者所提出的對於中國自由主義的批評——由於通常未能堅持個人為一不可化約的價值（the worth of the individual）以致缺乏純正性及其在理論上與歷史上的後果——的進一步分析，參閱錢永祥，〈道德人與自由社會：從林毓生先生對中國自由主義的一項批評說起〉，《動情的理性：政治哲學作為道德實踐》（台北：聯經，2014）頁 25-49。

不願與別人合作的人的行為。它並不蘊涵個人的"自私"。它卻蘊涵有權力的人應該尊重每個個人的價值。

因此，我同意你的看法，當你暗示自由主義不應意味只有個人在其自由能為一些別的目的服務時，個人才有價值——無論這些目的本身（譬如國家力量的建立，或工業的發展）是多麼有價值。事實上，要達成國家力量的建立或工業的發展等目的，需要權威與集體紀律遠超過需要對於個人自由之給予。

我與你對杜威與胡適的意見也是一致的。杜威認為自由主義的價值，只是隨着他所了解的"科學方法"的應用而產生，這個想法包含着嚴重的思想混淆。在胡適身上，這項思想上的混淆，甚至可能轉移他對於一項應該嚴肅面對的重大問題的注意；這個問題是：如何使自由主義所肯定的諸價值，在他所處的那個時代的中國實現？（毓生按：胡適覺得，他的首要之務是儘量鼓吹杜威的"科學方法"；他以為杜威的"科學方法"如果能在中國普遍應用，中國便容易實現自由主義所肯定的許多價值。然而，自由主義所肯定的諸價值如要在中國實現，所需的政治、經濟、社會、文化，與思想的條件極為複雜。胡適因受杜威思想混淆的影響，以及採用了從傳統的中國思想方式演變而來的"藉文化與思想以解決問題的方法"，所以他把這個極為複雜的問題完全簡單化了。）

不過，也正如你所指出的，即使自由主義諸價值純正地呈現在中國，我們不難想像，在中國近代的歷史環境中，它們大概很難得到很大的發展。任何國家的最低鵠的，必須是建立最低程度的社會安寧（包括生計的安全）。如果一個國家缺乏這些最低條件，在這個國家中，自由主義諸價值所受到的損害，可能要比其相反的價值所受到的損害為大。這些（無論是傳統的，或是反傳統的）相反的價值強調權威、團結與集體紀律。即使中國傳統文化具有一些可能與自由主義諸價值相銜接的傾向，中國近代歷史的環境對於與自由主義相反的價值卻是有利的。（我說這句話，並不意指中共的勝利是必然的。）

三、儒家思想缺乏創造動力與轉化潛能？

林毓生：每當我回顧五四時代，想到中國自由主義是與激烈的反傳統思想密切地聯繫着，而當時卻沒有一種藉着對儒家思想創造的闡釋與改造來支持自由主義在中國的發展，我便深感悲哀，並覺得歷史在嘲弄中國。然而，人們常依據思想的形像（images）來了解思想；五四時代之所以缺乏對儒家思想創造的闡釋與改造，是否與儒家思想在當時缺乏創造動力與轉化潛能的形像有關？五四時代的中國知識分子，深受當時歷史環境的影響與限制，包括傳統一元論思想模式的影響，中國傳統社會政治秩序與文化道德秩序有機式統合所遺留的影響，普遍王權的崩潰所帶來的衝擊，以及，最切近的，令人失望的政治與文化環境的影響（例如袁世凱對傳統儒家符號與象徵之"認同"與摧殘，使得自由知識分子對這些符號與象徵產生深刻的憎惡之情）。在這些文化、思想、政治、社會等因素交相作用的環境中，五四時代之所以缺乏對儒家思想創造的闡釋與改造，我覺得，是可以理解的歷史現象。不過，在理論上，儒家思想的確缺乏提供創造的闡釋與改造的資源嗎？

　　史華慈：許多論著已經討論過中國文化遺產與許多西方意識型態（如自由主義、社會主義、無政府主義、民族主義等）的關係。因為中國文化遺產包含了非常不同而繁複的內容，我完全可以想像得到，中國思想中的許多不同取向與近代西方思想中的許多不同取向，可以有或多或少的親和性。就自由主義而論，我覺得，在中國儒家思想中（或許也在道家思想中），有一些成分特別強調作為一個道德角色的個人中心性。孟子一脈的儒家思想，非常強調個人（尤其是屬於創造的少數人）的道德自主性（moral autonomy）與個人自有的修身能力。這一派學說甚至主張，在士君子面對持有權力的人物時，他必須堅持道德的獨立。因此，我們可以論及在中國的，政治社會成員的道德（civic virtue）[2] 的傳統。雖然，中國過去並沒有急切地要求創建政治社會制度以便保障士君子的道德自主；事實上，中國具有實踐這一類型的政治社會成員的道德的悠久歷史。

四、為自由主義奮鬥的中國人

林毓生：自由主義—如把它當作一個政治與思想運動來

2　civic virtue 原為羅馬城邦政治發展出來的，深具責任感，言論獨立，彼此尊重的 "公民道德"。史華慈教授此處借用這個名詞來形容中國傳統政治社會中，許多士君子所服膺的，像范仲淹所說 "寧鳴而死，不默而生" 那句名言所代表的，政治社會成員的道德。這種道德蘊涵着對政治社會的責任感；因此，也蘊涵着獨立與自主意識。因為中國傳統社會並無 "公民" 的觀念，所以這裏譯為 "政治社會成員的道德"。（毓生按：這個名詞的中譯與注釋中的內容是我與史華慈先生在長途電話中商定的。）

看—雖然簡直可以說已經在中國消失；但，從中國一些知識分子對思想自由與思想自主的獻身的例證來看，我們不能否認，自由的良心時時重新照耀在中國大陸與台灣。這種自由的良心在中國大陸，無可避免地，是以一種被抑制的、無定型的形式出現；在台灣，則可由已故殷海光教授英勇的奮鬥作為表徵。你覺得，這些奮鬥蘊涵甚麼歷史意義？

　　史華慈：如把自由主義當作一項政治與社會理論來看，它在近代中國雖然是虛弱的；回顧中國近代的歷史，我們清楚地知道，五四時代的青年知識分子（包括許多後來與共產主義運動攜手的人），的確從自由主義中獲得一種對思想自由的觀念的肯定，並為實踐思想自由而努力奮鬥。由於對思想自由的肯定與獻身，他們在中共政權成立以來的不同時期，極英勇地提出了他們自己的見解；這種情形在台灣亦復如此。從官方的譴責中，我們知道在"文化大革命"的初期，居然有人勇敢地堅持：真理之前，人人平等，這種爭取思想自由的精神，可能是西方自由主義的影響與上述中國固有的，"政治社會成員的道德"傳統的影響，兩者結合的反映。

五、儒家思想作為宗教與哲學系統

　　林毓生：我們已經在前面的討論中論及儒家思想。在你對於作為一個宗教與哲學系統的儒家思想（尤其是古典儒家思想）的研究中，你覺得其中哪些特點最有興味？

　　史華慈：從一個深切關心近現代西方問題的西方人的觀點

來看，儒家思想的歷史中有兩個主題，對我而言，最有興味。第一個主題是：儒家對於每個人（至少那些屬於“創造的少數人”）均具有道德上與精神上自我改進之內在能力的信念。在近現代西方（甚至“自由”的西方），對於這種內在的能力已廣泛地失去信心；相反，一項認為個人是完全無能為力的看法，已被廣泛地採納。這個看法植根於目前許多心理學與社會科學的學說之中；這些學說認為，個人是被外在的許多社會力量與內在的許多心理力量，或這兩種力量之結合，所完全控制。

另一個，顯然與上述儒家思想主題有關的，我最感興味的主題是：儒家以為權威在社會中可能發揮很好的功能，也可能發揮令人極為憎惡的功能，關鍵在於行使權威的個人的道德與理智的素質。許多近現代的西方意識型態是建立在下述兩項假定之上：第一、它們假定人類一切的權威，在本質上，都是惡毒的；第二、它們假定人施之於人的權威，將來總可設法使之完全消除。然而，對我而言，無論我們將來如何朝着平等主義（egalitarianism）或自由至上主義（libertarianism）的方向邁進，權威的功能不可能從任何社會中消除。人類如何處理與運用權威，仍將是一個相干的問題。

六、中國學術研究的不平衡現象

林毓生：在別的地方你曾說過，五四時代雖曾熱切地宣稱對西方思想採取開放的態度；但事實上，這種開放的心態不久以後就衰頹了。我相信此項觀察，無論對中國學院中的知識分子抑或非學院中的知識分子而言，都是正確的。舉例而言，雖然社會學在中國已經講授了好幾十年，儘管韋伯（Max Weber）的《新教倫理與資本主義精神》（*The Protestant Ethic and the Spirit of Capitalism*）近年來已有中文譯本，但中國卻沒有一本研究韋伯思想的嚴謹著作。[3] 中國人文學者很少注意到一些極重要的西方思想的寶藏，如蒙田（Montaigne）底思想與帕斯卡（Pascal）的哲學。但，在另一方面，德國語文考證學派的歷史研究卻對中國歷史學界發生很大的影響。另外，許多精力與金錢花費到考古學與語言學的研究上。我並非暗指，作為學院中學科的考古學與語言學等只有很少的價值。然而，我們如何解釋這種中國學術研究上的不平衡現象，與對西方學術和思想的開放心態的萎縮 —— 即使在學院中也是如此？

史華慈：中國在這方面並不是絕對獨特的。許多非西方文化在對西方"反應"時，只是對一些既定的，十八與十九世紀的社會與政治思想熱烈的反應。不同文化相互衝擊之時，從來不是一個文化對另一個文化簡單地"反應"。在一個文化中的一些人士與另一文化接觸時，他們是帶着從自己文化的特殊歷史環境中所產生的先入為主的關切，來與另一文化接觸的；在這種接觸中，他們是對那些看來與他們先入為主的關切最為相干的成分反應的。今天，西方某些圈子內對佛教禪宗與印度靜思的法術的"反應"，反映了不少當前西方的一些偏執的關切。

3　此是就〈對話錄〉在 1975 年進行時的環境而說的。後來已由李猛發表的關於韋伯的著作的出現而有所突破。

五四知識分子關心的問題，大體而言，好像一直到現在仍是中國能言善辯之士所關心的。這些關心的問題甚至在中國大陸與台灣的官方意識型態中得到了固定的地位。因此，西方思想的許多方面——不止韋伯，像佛洛依德的心理分析學、基督教新正統學派、語言分析哲學，以及西方啟蒙運動以前的大部分思想——簡單舉出這幾項做為例證，在中國只引起了有限的興趣。除了直接的歷史環境壓力以外，同時也應指出的是：一些文化的某些面，對於持有另一文化習慣的人而言，可能比這些文化別的方面難以接近。不過，我們應該記住的是：從一較長遠的觀點來看，人類不同文化之彼此互動的過程，實際上只是剛剛開始。

林毓生：你說："一些文化的某些面，對於持有另一文化習慣的人而言，可能比這些文化別的方面難以接近。"我很同意這種看法。舉例而言，韋伯之所以在中國較少引人注意，其中原因之一，可能是傳統中國整體觀與一元論的思想模式（a traditional Chinese holistic and monistic mode of thinking）仍然甚具支配力的緣故。這種思想模式，我在別處曾試為說明。因此，韋伯從社會中不同趨勢所造成的緊張與衝突，以及從社會辯證的繁複性去了解社會的精微與非化約主義者的見解，對那些仍受中國傳統思想模式影響的人士而言，是比較不易接近的。從另一方面來看，許多英美功能學派的社會學，雖然甚為簡單，卻對社會提出了一種"整體性"（totalistic）的看法，較易被許多中國學者和知識分子所了解。

七、中國的政治、社會與文化的將來發展

林毓生：許多激進分子對毛澤東的歌頌，使人覺得有不少詫異的地方；其中之一是：他們並未感覺到他們自己意見的保守性。那些崇拜毛澤東與毛澤東所達成的業績的話題裏，暗示着那些崇拜者以為，在根據毛澤東主義建立起來的基本思想與行為模式之外，中國將來好像不會再有其他的歷史發展了。不過，根據你最近在中國大陸旅行的印象，你對中國大陸的政治、社會與文化將來可能的發展有何看法？中國讀者將特別樂於聽到你在這方面的意見。因為，你對當代重大事件敏銳的觀察是著名的；例如，在中共與蘇俄分裂之前，你已推測出來這一歷史的發展。

史華慈：在中國大陸的短期旅行，使我所持有的中國仍然存在着重大改變的可能（無論是好是壞）的觀點，更加鞏固了起來。一個人在中國大陸與在蘇俄時的感覺很不同，總覺得中共的政治與經濟結構，以及意識型態的教條，均尚未凝固起來。必須指出的是，這種尚未凝固的現象，與毛澤東，根據他自己的理由，所採取的態度很有關係。從 1949 年到現在。在經濟的策略上，甚至意識型態的路線上，中共畢竟經過了許多基本的變換。除了關於科學方面的以外，目前有關其他方面的文化政策似乎都凍結得相當厲害。但，我願意說，即使文化政策，也有改變的可能。無疑的，共產革命帶來新秩序中的許多面，將要持久的延續下去，一些部分大概不可能轉變了。我不認為，將來毛澤東之死會導使中華人民共和國的崩潰。然而，

我覺得，在相當程度之內，未來仍在未定之數。現代中國與中國過去文化遺產的關係，也仍然尚未獲得解決。

I. China's iconoclastic nationalism

Lin: One of the dominant passions in the contemporary world is nationalism. This is generally felt by all countries. But Chinese nationalism seems to be of a special kind. While there is no lack of nationalistic impulse to glorify the Chinese past on the part of some Chinese, a major trend in modern China has been an iconoclastic revolt against the Chinese tradition for the sake of the survival and development of the Chinese nation. What are, in your opinion, the implications of this iconoclastic nationalism for the Chinese society and culture?

Schwartz: I think that it is true that on the conscious level "iconoclastic nationalism" has been a major trend in modern China at least among the articulate elite. To be sure, it is by no means absent in other areas of the world. While Islam and Hinduism have not been subject to the same frontal assault as Confucianism, Taoism and Buddhism in China, the commitment to those traditions on the part of many nationalist intellectuals and politicians in the Arab world and India is quite superficial and inauthentic and there are strong explicitly "iconoclastic" movements in both areas. Nevertheless, the explicitness of the Chinese iconoclasm has been most remarkable, and it has to a degree become fixed in the official ideology of the People's Republic.

I know that you, Mr. Lin, have written very perceptively on the reasons for this "Chinese difference" and we have often discussed the matter together. You have asked me, however, to comment not on the reasons for this Chinese difference but on its implications.

I would say first of all, that on a level below that of explicit doctrine, some predispositions from the Chinese past are still very much alive in mainland China. I know that this observation is often equally repugnant to Maoists who believe that the new order represents a fundamental break with the past and to the defenders of what is believed to be a harmonious integrated cultural tradition which has nothing in common with Maosim. In my own view, the Chinese cultural heritage, which has developed over millennia, has come to embrace many conflicting tendencies and inner tentions. It thus seems to me entirely possible that some predispositions from the past remain very much alive even though unacknowledged while others have been either severely suppressed (*and might reassert themselves*) or may have genuinely lost their inner vitality (*for good or ill*).

Even on the conscious level, the channels of communication with the past have not been severed. The iconoclasm has not even completely suppressed the urge to "glorify the Chinese past". What is more, the Maoist tendency to discuss present issues obliquely in terms of categories drawn from the past (借古諷今) has in curious but lively ways kept open the relationship to the past. Thus it seems to me that the question of China's relationship to its own past has not been definitely "settled". Neither the officially "traditionalistic" policy of Taiwan nor the officially "iconoclastic" policy of Peking will necessarily predetermine China's future relationship to its own past. If there will at some point be some "totalistic" resolution of this question, I think that we are still *in medias res*. Hence I remain unprepared to draw any sweeping implications for the future.

II.　Liberalism and China

Lin: In the early phase of the May Fourth era, liberal ideas and values were quite prevalent. Why did Chinese liberalism fail? Did it fail because it lacked favorable sociopolitical and economic environments conducive to its development? Was the failure also due to its lack of authenticity - the "value" of the individual was understood by many at that time more as a means than as an end? I feel it would have made little difference in practical terms even if Chinese liberalism had already grasped a genuine sense of the worth of the individual as an irreducible value. However, it would have achieved a true sense of tragedy. Did the advocacy of Dewey's experimentalism by Hu Shih (胡適) have anything to do with this intellectual confusion of mistaking individualist values more as a means? Although Dewey assumed at the outset some fundamental individualist values, value as such has no place within his philosophy. He was always afraid of being "fixed" by values and forever looking forward to changing the world on the basis of his belief in scientific method. Hu Shih occasionally talked about individualist values, but he was more forceful as a champion of the Deweyan idea of scientific method. Had he in this way confused or neutralized liberal individualism?

Schwartz: The question of what is the essential core of liberalism remains a matter of furious debate in the West itself. To the extent that I would call myself a liberal (*and to me liberalism by no means answers all questions*) I believe that my sense of the valid core of liberalism is very close to yours. It involves a sense of the "individual as an irreducible value". Even more concretely, it involves a concern with creating socio-political institutions which will protect this value. It involves the assumption that one of the main aims of any state should be to preserve the physical and spiritual integrity of individuals. On the negative side it involves a denial *in principle* that any leader or any elite embodies such moral and intellectual infallibility that it is justified in totally overriding the physical and spiritual rights of individuals. As a social-political doctrine, liberalism does not prescribe what the life goals of individuals should be. It does not imply the "economic man" of classical economics nor the type of individual who will not cooperate with others. It does not imply "selfishness" on the part of the individual but it does imply a respect for the value of the individual on the part of those with power.

I thus agree with you that liberalism ought not to imply that the individual is valuable only to the extent that his freedom serves some other end such as national power or industrial growth, however valuable these ends may be in themselves. As a matter of fact, these goals may require collective discipline, authority more than they require any freedom for the individual. I also agree with you that

Dewey's notion that the value of liberalism is simply a concomitant of "scientific method" (*as he conceived of scientific method*) involved a serious confusion and in the case of Hu Shih may have even diverted his attention from wrestling seriously with the question of how any liberal values could be implemented in the China of his time.

Yet, as you also point out, it is quite conceivable that even if liberal values had been presented in an "authemic" way, they would not have made much headway given the historic situation in modern China. The minimal aim of any state must be the creation of a minimum of social peace and security (*including security of livelihood*) and the lack of these minimal requirements may have been more detrimental to liberal values than to other opposing values (*whether traditional or iconoclastic*) which emphasized solidarity, collective discipline and authority. Even if there were predispositions in traditional culture which might have been linked to the values of liberalism, the situation favored opposing values. (*I do not mean to imply by this the inevitable victory of the Communists.*)

III. Is Confucianism devoid of creative energy or transformative potential?

Lin: It has been a source of irony as well as sadness when I recall that Chinese liberalism in the May Fourth era was closely linked to radical iconoclasm rather than to an

attempt at a creative interpretation and reconstruction of Confucianism. However, ideas are often understood in terms of their images. Was the lack of creative interpretation and reconstruction owing to the lack of an image of creative energy or transformative potential in Confucianism at that time? Given the influence of a traditional monistic mode of thinking, the legacy of traditional China's organismic integration of the socio-political order and the cultural-moral order, the impact of the collapse of universal kingship, and the immediate political and cultural situation in which Yüan Shih-k'ai's (袁世凱) "identification" with and abuses of traditional Confucian symbols led to the deep resentment of these symbols by liberal Chinese intellectuals, I believe that the lack of such an attempt at creative interpretation of Confucianism is historically understandable. However, is Confucianism theoretically devoid of resources for such an interpretation?

Schwartz: A great deal has been written about the relationship of China's cultural heritage to Western ideologies such as liberalism, socialism, anarchism, nationalism, etc. Since the cultural heritage is enormously varied and complex, it is entirely conceivable to me that diverse orientations in Chinese thought have more or less affinity to quite diverse orientations in modern Western thought. If one speaks of liberalism, it is true, it seems to me, that there are elements in Confucianism (*and perhaps in Taoism*) which very much stress the centrality of the individual as a moral actor. The Mencian line of Confucianism very much stresses the moral autonomy of the individual (*particularly the individuals who belong to the creative minority*) and the capacity of the individual for moral self-cultivation. It even lays upon the chün-tzu (君子) the obligation to assert his moral independence vis-à-vis those who hold power. One can thus speak of a tradition of civic virtue in China. There was no urge to create socio-poltical institutions designed to protect the moral autonomy of the chün-tzu but there is in fact a long history of the practice of this type of civic virtue.

IV.　The Chinese struggle for liberalism

Lin: Although liberalism as a political and intellectual movement is all but dead in China, one cannot deny that liberal conscience, as exemplified by the commitment to freedom of thought and intellectual autonomy, has been rekindled from time to time in mainland China (*in an unavoidably subdued and amorphous form*) as well as in Taiwan (*by the heroic struggle of the late Professor Yin Hai-kuang 殷海光教授*). What historical significance did these struggles imply?

Schwartz: In spite of the weakness of liberalism as a socio-political doctrine in modern China, in retrospect it is now clear that many of the young intellectuals of the May Fourth period (*including many who became linked to the Communist movement*) did after all absorb from liberalism a kind of commitment to the notion of intellectual freedom. It was this which was to lead them to put forth their own views with great courage at many points in the history of the People's Republic and on Taiwan as well. We know that at the beginning of the Cultural Revolution the charge was made that some even dared to assert that all men are equal before the truth. This may reflect a combination of both the influence of liberalism and of the older tradition of "civic virtue" to which I referred above.

V.   Confucianism as a religio-philsophical system

Lin: We have already touched upon Confucianism. In your study of Confucianism as a religio-philosophical system, especially in its classical form, what particular features of it impress you as most interesting?

Schwartz: As a Westerner deeply concerned with modern Western problems, there are two themes in the history of Confucian thought which I find most interesting. One is the belief that individuals (*at least some individuals - those who belong to the "creative minority"*) have an inner capacity to improve themselves morally and spiritually. In the *modern* West (*even in the "liberal" West*) there is a widespread absence of faith in such a capacity and a widely held belief rooted in our psychological and "social-scientific" doctrines that the individual is completely impotent - controlled externally by social forces and internally by psychological forces or by a combination of both. Another Confucian theme which I find most interesting (*obviously related to the above*) is the notion that authority roles in society may be played abominably. The moral and intellectual quality of the individual who occupies such roles is crucial. Many modern Western ideologies are based on the assumption that all human authority is essentially evil and that somehow authority of man over man can and will be completely eliminated. It seems to me that however far we may move in the direction of egalitarianism or libertarianism, authority roles will not be eliminated in any society and the question of how men handle authority will remain relevant.

VI.   The academic imbalance in China

Lin: Elsewhere you have observed that while an open attitude toward Western ideas was eagerly proclaimed in the May Fourth period, actually such an attitude of open receptivity atrophied shortly afterwards. I believe this is as true of the academic circles as of the non-academic intellectuals. For instances, despite sociology has been taught for a number of decades, no serious study of Max Weber is done by any scholar in China, even though Weber's *Protestant Ethic and the Spirit of*

Capitalism has recently been available in Chinese translation. Few Chinese scholars in the humanities have paid any attention to some of the great treasures of Western thought, such as the ideas of Montaigne and the philosophy of Pascal. On the other hand, the German philological school of historical studies has had a great influence on the Chinese historical profession. And great energy and economic resources have been devoted to the study of archaeology and linguistics. I am not implying that archaeology, linguistics, etc. have little value as academic disciplines. But how do you account for this academic imbalance and the atrophy of open attitude toward Western ideas even in the academic circles?

Schwartz: Again, it would appear that China is not absolutely unique in this respect. Many non-Western cultures in "responding" to the West, have responded most eagerly to certain definite social and political ideas of the eighteenth and nineteenth centuries. In all interaction of cultures it is never simply a case of one culture "responding" to another. Those in one culture approach the other with preoccupations arising out of the specific historic situation of their own culture and respond to that which seems most relevant to their preoccupations. The present "response" in many circles in the West to Zen Buddhism and Indian mediation practices very much reflects current Western peroccupations. It would appear that the concerns of the May Fourth intellectuals have. On the whole, continued to be the concerns of articulate Chinese right down to the present and have even become fixed in the official ideologies of both Taiwan and the mainland. Thus many aspects of Western thought - not only Weber but such movements as Freudianism, Christian neo-orthodoxy, and linguistic philosophy, to mention a few - and also most of Western pre-Enlightenment thought have aroused very limited interest in China. In addition to the pressure of the immediate historic situation, it should also be noted that some aspects of given cultures are perhaps relatively more inaccessible to those with other cultural habits than others. It should nevertheless be borne in mind that when viewed in the longer perspective, the process of interaction between the various cultures of mankind has only just begun.

Lin: I agree with you that "some aspects of given cultures are perhaps relatively more inaccessible to those with other cultural habits than others." For instance, that the thought of Max Weber has attracted relatively little attention in China may be, among other reasons, due to the dominance of a traditional Chinese holistic and monistic mode of thinking, which I have tried to illustrate elsewhere. Thus, the subtle and nonreductionist Weberian conceptions of society in terms of tensions, conflicts, and dialectic complexity may be relatively inaccessible to those who are still influenced by this traditional Chinese mode of thinking. On the other hand, some of the English and American functional schools of sociology offer

"totalistic" views of society, and have been more readily understood by many Chinese scholars and intellectuals.

VII. The future development of China's politics, society and culture

Lin: One of the curious facts about radicals'praise of Mao has been their insensitivity toward the conservative implications of their opinion; they uttered their admiration for Mao and what he has accomplished as if there were no more history for China beyond the basic pattern of thought and behavior established by Maoism. However, what impressions have you gathered - especially on the basis of your recent travel in China - concerning probable future developments in Chinese politics, society, and culture? The Chinese readers will be particularly interested to hear your opinions in this regard. For you are known for your perspicacious ideas about contemporary events as evidenced by your prediction of the Sino-Russian split before its actual occurrence.

Schwartz: I came away from my short trip in China fortified in my view that the possibility of great changes (*whether for good or ill*) still exist. Somehow one does not have the sense of the crystallization of political, economic structures and ideological dogma which one has in the Soviet Union. It must be said, that

Chairman Mao himself has for his own reasons had something to do with this lack of crystallization. After all, between 1949 and the present, there have been some fundamental shifts in economic strategy and even in ideological line. At the moment, cultural policy in areas other than science seems quite frozen. Yet even here, I would say that the possibility of change exists. No doubt, many aspects of the new order will endure and some are probably irreversible. I do not think that Mao's death will lead to a collapse of the People's Republic. Yet the future remains, it seems to me, quite indeterminate and the relationship to the cultural heritage of the past also remains unresolved.

自由主義、知識貴族與公民德行

林毓生 / 口述及修訂

施雨華 / 提問

要達成早期五四的目標，用五四思想是不可能的。五四思想裏面很重要的部分是：激烈的反傳統主義。在那樣的主流思潮籠罩之下，其歷史後果則是：激進主義的興起及其對漸進改革思想的摧殘。五四時期鮮明的旗幟當然是民主和科學。但是，早期五四對於憲政民主和經驗科學的理解很快被激進主義式的理解所取代，"大眾民主"和科學主義式的偽科學則被認為是"真正的"民主和科學。要想根據那樣的理解來達成早期五四的目標，當然是不可能的。

—— 林毓生

1960 年，一個台灣學生"因為機緣"來到芝加哥大學，投到著名自由主義者哈〔海〕耶克門下，開始了自己的學術生涯；那年，他 26 歲。導師哈耶克寫過《通往奴役之路》之後又一部鉅著《自由的憲章》(或譯《自由秩序原理》) 剛剛出版，他成為傑出政治思想家的情勢已經明朗。九年後，這個學生在哈佛大學東亞研究中心做博士後研究，再過一年，他將正式獲得芝加哥大學社會思想委員會哲學博士學位，那年，他 35 歲；在台灣，他的另一位授業恩師殷海光溘然長逝。很多年後，他這樣回憶兩位導師，"哈耶克先生給我的是知識貴族精神的召喚；殷先生給我的則是經過西方自由主義轉化的中國知識分子道德精神的召喚。"

2004 年 5 月，當年的年輕學生，如今的著名學者，從威斯康辛大學麥迪遜校區教職上榮休，"退休以後，可以自己做研究、專心寫作了，心情特別好"。下半年，他回到中國講學訪問，從北到南，一口沒有"京油子"口音的北京話，在各個大學的演講廳受到青年學子們熱烈的回應。談到自由主義，談到道德關懷，他和他的導師哈耶克一樣，語調雖嚴謹，臉龐卻通紅，特別是在談到國內學界某些人士對他的"多元分析"做了"化約主義"式誤解之時。今年，他已經 70 歲了，正是孔子所說"從心所欲，不逾矩"的年齡。

他，就是林毓生。

2004 年 7 月 17 日，在廣州中山大學接受我們的採訪時，林先生的情緒和那天的天氣相似，熱烈時就像上午無遮無攔的陽光，冷靜時就像下午驟雨過後的清風，正如我們在他的《熱烈與冷靜》中感受到的那樣。

林：林毓生
施：施雨華

我是"老北京"

施：這次回國去了不少地方吧？

林：這次去了不少地方。在韓國做了四次講演，從漢城（現稱首爾）到北京，本來是在北大講一次，後來南開約我去，人大也希望我去，變成三次講演。然後去上海看望王元化先生，在華東師大講了一次。後來朋友約我去浙大，所以在杭州也講了一次。前天來到廣州，昨天在這裏也講了一次。

施：林先生小時候一直在北京？

林：我是從七歲開始在北京長大的。我們老北京要考驗一個人是不是老北京，就要看他是不是喜歡喝豆汁。豆汁要加得很熱，熱得燙嘴。豆汁的味道對外地人來説非常奇怪，也可以説非常難喝。但是喜歡它的人，有癮。1979 年我回到北京，就去找豆汁，已經沒有了，當年的冰鎮酸梅湯也沒有了。九〇年代，北京不是恢復了一些老吃食嗎？地壇附近有一個很大的食肆，也有豆汁。我在 1999 年又回到北京參與一研討會，聽説以後，很興奮，晚上就去了。但是不行，已經不會做了，原來那是一個"遊客的陷阱"。

施：林先生在北京時上甚麼學校？何時離開北京的？

林：我是八歲在北京上小學，在西四帥府胡同報子胡同北師附小唸了六年，然後讀了一年半和平門外師大附中後離開北京，那年 14 歲，是我的父母帶我和弟弟、妹妹到台灣去的。

從殷海光到哈耶克

施：您是哪年到美國去的？

林：1960 年。那是很多機緣促成的。現在想起來，好像是做夢一樣。當年殷海光先生將哈耶克先生的《通往奴役之路》(*The Road to Serfdom*) 翻譯成中文，我在《自由中國》上面看到，就想把原著拿來讀。當時外匯管制，買西文書要經過一個有外匯配額的書店。我是用我的第一筆稿費訂購的，是我翻譯羅素的一篇文章的稿費——殷先生幫我改過，那時我還沒有獨立翻譯的能力。我想對這第一筆稿費的最好紀念，就是把《通往奴役之路》的原版書買來。這時候我已經看了殷先生的幾篇翻譯，同時也看了一些羅素有關政治、社會的著作。一比較，才知道羅素跟哈耶克不能比，羅素實在沒有深度，哈耶克非常有深度。當時想，如能跟這位思想家讀書不是一件很美妙的事嗎？不過我覺得那只是一個夢想，沒想到四年以後竟然實現了。

這是機緣，中間的曲折過程中遇到了好幾位"貴人"。其中一位是芝加哥大學歷史系的 Donald Lach 教授。他到台大講學，沒有學生敢去上他的課，因為他只會用英文講。我的英文還可以，結果系主任派助教來找我，說"你要和另外一位女同學代表我們歷史系去上課，不能說請了人家來，沒有學生上課。"一個有四十多個座位的教室，就只有我們兩個學生。我也不敢和這位老師講話；他在上面正式講課，我們兩個在下面努力做筆記。下課後，各走各的。大考時，我答完考卷交給他的時候，鼓足勇氣問他是否可以跟他談談。他說太好了；一直等我們來找他，也不曉得你們中國人的規矩，所以也就沒有主動找你們來談。他要我按約定時間到他住的招待所去。我去看他的時候跟他說，我最大的夢想是在台大畢業，受完預備軍官訓練以後，去跟　貴校社會思想委員會的哈耶克教授做研究生。問他是否在我將來辦理申請手續時可以寫一封推薦信？他說已經看過我的大考考卷，成績非常好。他不單要寫，而且要極力推薦。

施：殷海光先生和哈耶克先生都是您的老師，他們在思想和人格上對您分別有甚麼影響？

林：哈耶克先生給我的是知識貴族精神的召喚。他的身教與言教給我一個重要的啟示：在追求知識的過程中，不存在*應該*或*不應該*追求的問題；*只能*盡最大的努力。追求知識（或曰追求真理）是艱難的。在這個過程中，你如不認真，不努力，那你是在追求知識嗎？追求知識有其獨立性與自主性，用英文來講，可以 intellectual autonomy 來表達。這種知性活動不受外界（政治、社會、經濟、文化等）勢力的干擾，也不會為了趕時髦而從事這種活動。在這個過程中，一旦有所發現，即使不被外界所了解，甚至被外界誤解、曲解，也*只能*堅持下去。這裏也不存在應該或不應該堅持下去的問題。

這種在知識領域之內追求知識的人，即使已經獲得重大的、原創的發現，也絕不會產生恃才傲物、自鳴得意的心態。因為他是在追求知識，不是在追求虛榮；何況知識邊疆的擴展，使他面對的是知識邊疆以外的無知領域。他深切知道，他的成就是建築在別人的努力所積累的知識之上，即使他的最具原創性的發現 —— 例如，他發現（在法治之下的）市場經濟是產生、保存、協調、流通與增益知識的最佳機制 —— 也間接與他的師承有關，與奧國學派經濟學和蘇格蘭啟蒙傳統有關；所以，他在知性生活中有所歸屬。（1999 年芝加哥大學社會思想委員會舉辦的紀念哈耶克先生誕辰一百周年系列演講會上，另一位諾貝爾經濟學獎獲獎者 Gary Becker 先生曾說：僅就海氏在經濟學領域之內的貢獻而言，如果他一生只寫過那一篇發表此一重大發現的論文，就足以稱謂二十世紀偉大的經濟學家之一 —— 那篇論文是於 1945 年 9 月發表在 *American Economic Review* 上的 "The Use of Knowledge in Society"，夏道平先生譯作 "散在社會的知識之利用"。此文已收入海氏著 *Individualism and Economic* Order〔Chicago, 1948〕。）

另外，他永遠是以開放的心靈、知性的好奇心，面對別人的意見，樂意接受別人對他的啟發（如 50 年代，他的思想頗受博蘭尼〔Michael Polanyi〕的知識論的影響，便是顯例）。對於別人的批評，他當作是刺激他反思他的思想的材料。對於別人的誤解，甚至惡意的曲解和侮蔑，他也只看作那是別人在知識上的盲點，所以無從產生怨恨之情。他的成就感只能帶給他知性的喜悅，卻不會產生知性的傲慢，當然也與孤芳自賞之類的偏狹心態無涉。哈耶克先生一方面堅持自己的發現，另一方面卻又以開放的心靈面對別人的不同意見；此種"堅持"與"開放"，看似相反，實則相成，因為一切是以忠於知性的追尋為準。

這種遵循理知的召喚與指引的人格素質展示着 —— 用韋伯的話來說 —— 知識貴族的精神。知識貴族，不是甚麼社會貴族，也不是經濟貴族。知識貴族的精神乃是 —— 不是多數人做得到的 —— 在"諸神戰爭"的現代性文化中，始終堅持忠於知性神明而無懼於其他神祇的精神。

哈耶克先生是一位"言行有度、自律有節，和肅穆莊嚴的偉大學人"(殷海光先生語)。不過，凡是跟他長期接觸過的人都會感覺到，他實際上是一個內心熾熱，具有強烈道德感的人。當他談到自由的意義，以及自由被誤解的時候，雖然語調仍然嚴謹，但常常會血脈賁張，臉龐通紅。然而，他卻那樣習於自律，而且做得那樣自然，那樣毫不矯揉造作。根據我個人的觀察，他這樣的風格，主要不是源自刻意的道德修養，雖然在道德上他確是一位謙謙君子，而是強烈的知性生活的結果。知識是他的終極價值，追求知識賦予他生命的意義。這樣發自內心的知性追尋，把作為一種志業的學術活動提升到具有高貴與尊嚴的生命層次。

由於西方現代社會和文化已經出現了深刻的危機，產生了種種價值的混淆，這種精神在許多西方學者和知識分子身上已經很難見到了。

殷海光先生的身教與言教給我的則是：經過西方自由主義轉化的中國知識分子道德精神的召喚。典型的中國知識分子看到同胞的苦難與政治上和社會上的不公平、不合理的現象，必然感同身受，不能自已。他會盡一己之力以言論介入公共事務，希望能夠指出在公共領域之內的諸多問題的解救之道。這種入世的使命感使他不消極、不氣餒、不自怨自艾、不上山靜思，也不玩世不恭（那樣的表現當然也有；不過，那不是中國知識分子的典型）。另外一個殷先生的精神特徵是：在政治權力與社會及經濟勢力之前，保持着人格的獨立與真誠。這種公共領域之內的道德完整性，乃是中國知識分子最主要的精神資源。

不過，在他的心靈中，傳統中國知識分子的道德精神產生了轉化，因為他畢竟清醒地接受了西方自由主義的洗禮。所以，他的道德精神更能超越一切藩籬（家族、地方、學校、黨派、種族、國家）的限制，更能接受理性的指引，以及更具有個人主義的特質。（這裏所指謂的個人主義是相對於集體主義而言。它是自由主義的個人主義，與"安那其"〔anarchic，無政府〕個人主義不同。它不反對國家的存在，毋寧主張國家需要存在與發展，國家的目的是在法治之下，如陳獨秀在1914年所説，"保障權利，共謀幸福"。）

殷海光先生是一位偉大的愛國者，但他卻"反對本能的民族主義"。他的早年性格中確有狂飆的一面，但卻歸宗於真正具有獨立性的自律。正因為他的關懷具有超越性，所以他更能使它落實到具有普遍意義的，不可取代、不可化約的個人價值（the worth of the individual）與個人（每個人）的尊嚴與發展之上。（這裏所説的個人價值，不是英文中的"value"，而是

"worth"。中文在這方面，不夠細緻，不夠分殊，所以"worth"和"value"都只能用"價值"兩字譯出。因此，我在這裏談到殷先生所堅持的個人價值時，需要用"不可取代、不可化約"來說明它的特殊意義。）

如何進入世界秩序

施：中國在 2001 年加入了 WTO（世界貿易組織），在這種背景下，我們應以何種方式進入世界秩序？

林：五四 80 周年，在北京開會，我寫了一篇小論文，曾說："'文革'以後的'改革開放'只能以'改正錯誤'與'試圖進入西方自十八世紀產業革命與啟蒙運動以後所主導的世界秩序'來形容。"不但中國，印度、日本，和非洲一些國家也都參加了，大家都認為這是一個普世秩序。

啟蒙運動以後，西方不單發展出來了世界秩序，而且也產生了近現代的帝國主義。我們可以有意識地根據我們的價值觀，參與到這個世界秩序中去。但這不是說參與西方主導的世界秩序，就要接受西方的帝國主義。有一種看法，認為歷史像是一個有機體。西方的東西相互關連得像是有機體的各個部分，絕不可分割。所以，你若接受在西方發展比較完整的人權觀念，你就同時要接受或忍受西方的帝國主義。這是虛妄的有機式一元論。事實上，傳統中國文明中也不是一點與西方人觀念相似或相容的成分沒有。歷史演變出來的文明，不是有機體，其內部的成分是相互矛盾的。正如孔孟思想與韓非思想相互矛盾，互不相容一樣，人權觀念與帝國主義也是相互矛盾，互不相容的。我們接受其一，就不能接受其二，除非你要自我矛盾。這是在西方的過去和現在，之所以也有不少人根據人權觀念來斥責帝國主義的理由。我們對於歷史演變出來的文明需做多元分析，使其成分相互分離，而後加以取捨。

中國加入了 WTO，中國也在《經濟、社會、文化權利國際公約》和《公民權利和政治權利國際公約》上簽了字。但歷史的發展需要循序漸進，才能真正得到好處，少有壞處。中國近現代歷史則是一部激進主義獲得極大的成功卻又變成極大的災難的紀錄。活生生的災難早已重複地呈現在眼前，所以許多中國知識分子已經不贊成甚至極其反對激進主義了，但其中也有不少人在意識的底層仍然深受富有激情的激進主義思考模式的影響，以致常常不自覺露出化約主義與一元式思考的傾向。

如要推展民主憲政，必須先努力建設支撐民主憲政的基本條件：法治的確立、公民文化與公民道德的培育，以及公民社會的養成。這裏所指的法治，相當於英文中的 the rule of law（法律主治），而不是 the rule by law（依法而治）。法治當然是以憲法為依歸。但不是任何由國家立法機構通過、正式頒佈的憲法，就是合乎法治原則的憲法。合乎法治原則的憲法必須符合法治背後的原則：(1) 必須具有普遍性（平等應用到每一個人身上）；(2) 必須具有抽象性（不為任何人或團體〔包括政黨〕的具體目的服務）；(3) 分立國家的行政權、立法權、司法權，三者均須經由法律界定與限制；(4) 國家有義務平等地保障境內所有人的基本人權。

　　公民文化和公民道德是指：所有參與民主政治過程的人（當然包括各個層面的政治人物）所需要的文明性（civility）與公民德行（civic virtue），包括：“公民們的愛國心與正義感使得他們很少可能會為了暫時或偏私的打算而犧牲國家利益”（麥迪遜語）、“尊重別人的意見，勇於表達自己經過考慮過的意見，以及個人在羣體生活中應有的自我肯定和完成這些肯定所需要的知識與技能”（伯林語）。另外，民主社會中的公民，當然需要對於甚麼是民主、自由、人權、法治等基本觀念，具有一定程度的理解。這就必須從學校和社會的公民教育入手。至於公民社會，則是指公民參與政治過程的社會機制。

　　今天談到建設公民社會、公民文化，與公民道德，我必須指出的是：中國自由主義者（包括我自己在內）過去對於西方共和主義傳統所能提供的資源，注意與挖掘得不夠。共和主義傳統相當駁雜，而中國自由主義者過去一直是以反抗專制為其主要目的。在如何建設憲政民主的根基方面，則較少注意。然而，面對未來，如果要在思想上為建立憲政民主的國家盡一份心力，我們也必須從共和主義傳統中的成分，擇精取華。這樣才能實質地對建設公民社會、公民文化，與公民道德提供厚實的資源。

　　我說這些話，是有感而發的。台灣稍一開放，不但未能走向真正的憲政民主，政客們竟然如此簡易地利用所謂台灣國族主義使得憲政民主的形式的建立、擴張，與運作變成違反憲政民主的拉美式民粹主義的“民主”。原因之一是：自由主義在台灣的倡導，並沒有汲取共和主義的滋養，所以沒有多大力量在內部政治思想建設方面（包括對於不同的愛國主義與不同的政治參與作出分辨），來對付民粹式國族主義的訴求。（當然，歷史的原因是複雜的。我雖然認為思想〔無論正確的或不正確的〕，視歷史脈絡中當時的情況，會或多或少發生作用，但我並不主張一元式思想決定論。即使當初自由主義思潮在台灣的發展汲取了共和主義成分的滋養；一旦開放，也仍然可能走入另外的歧途。不過，那是另一問題。）

真正憲政民主的落實，自然要保障個人自由，所以在西方的憲政民主又稱自由的民主（liberal democracy）。在法治之下的個人自由，不但不會帶來社會混亂，反而能夠導致最適合演化需要的社會秩序，同時也是文明進展的最有實效的原則。因為在這樣的自由秩序之中，個人最能有效地使用社會中其他人提供的知識。關鍵是：必須先有健全的法治。這是哈耶克先生的自由主義的洞見之一。

施：您怎麼評價國內的知識分子？

林：最近幾次返回中國大陸，我看得很清楚的事之一是：許多中國知識分子已從政治教條籠罩下的文字障中解脫出來了。現在很少人還把"歷史的進步規律非個人意志所可轉移"、"這是科學的"、"那是不科學的"掛在嘴邊，或把中國的過去用"封建"二字加以概括。（不過，偶而仍然聽到或看到把從政的人都稱之謂"政治家"的說法。"政治家"含有讚許之意，"政治人物"則是中性語言，"政客"則有貶義。應視不同情況使用之，不可籠統稱謂所有從政的人都是"政治家"。)過去那種化約主義式的語言,很難表達精緻的思考。語言愈分殊、愈具體、愈有特定所指,愈能表達複雜、精緻的思考。

現在大陸知識分子所面臨的,則是另一種挑戰:除了政治的限制以外,市場經濟產生了把學術當作商品的誘惑;以及學術行政官僚化,在建立評鑒、升等標準化的過程中,只學到了美國制度的皮毛,以致犯了形式主義謬誤而不知,甚至扼殺了學術進展的生機。這裏涉及學術規範與學術自由之間的關係問題。這是一個甚為複雜的問題。今天在有限的時間之內,無法深談。(參見拙文〈學術自由的理論基礎及其實際含意〉)大陸以外的中文社會其他地區,這方面的表現也是不太理想的。

不過,國內為數不多的第一流人才的表現是令人敬佩的、喜悅的。他們氣度恢弘,已經積累了不少學術根底,又能保持獨立的思辨性思考。不過,即使是這些人,也多不能進行真正的學術交流,雖然"學術交流"這個名詞在國內已是流行用語。學術交流的先決條件是:以開放的心靈,看懂、聽懂別人的文字與語言。國內學界較有成就的人,在這方面的能力卻也相當不足。但大家喜歡爭論,多半只是混戰,最後不了了之,沒有多少學術的積累。主要的原因之一,可能是由於自由的學術傳統尚未建立起來。

英文有一個成語,(To give someone) the benefit of the doubt,指的是:當你不同意或要攻擊對方的時候,先懷疑一下自己是否已經完全了解對方的意見,或者你攻擊對方的論證是否充分。如果在尚未完全了解對方意見的時候,就先假定自己已經完全了解了，或者在反對對方意見的理據並不充分的條件下，便已開始攻擊對方，這樣的做法，不但有欠公允，而且在學術上也沒有多大意義。國內學術界的作風是否仍然反映着過去政治運動中"大批判"的深層影響？國內知識分子相聚在一起的時候，無論是正式或非正式場合，較少看到由於尚未完全掌握清楚對方的意見，請對方再詳細解釋一下，然後再表示自己的意見的現象。較常見到的則是：大家各自宣佈自己的主張，各說各話，或者在尚未弄清楚對方意見的時候，便開始攻擊對方。

2004 年 7 月 17 日於廣州中山大學康樂園專家樓進行訪問

原刊於《南方人物》(2004 年刊出刪節版)

紀念殷海光先生逝世四十五周年：專訪林毓生 —— 兼論法治與民主的基礎建設

　　今年適逢殷海光先生逝世 45 周年，在兩岸三地推展民主的歷程均遇到了（不同的）險灘的今天，中華民族何去何從？殷海光的思想與精神遺產，當代意義何在？

　　《亞洲週刊》就這兩個重大問題，訪問中國近現代思想史著名學者、台灣中央研究院院士、美國威斯康辛大學榮譽教授林毓生。林先生在青年時代是殷海光、哈耶克、史華慈（Benjamin I. Schwartz）的親炙弟子。事實上，他是二十世紀自由主義大師哈耶克在美國任教 12 年期間的最後一個學生。今年春季林毓生先生於香港城市大學中國文化中心擔任客座教授期間，應邀偕夫人蒞臨上海，於哈耶克教授誕辰 115 周年（2014 年 5 月 8 日）在復旦大學卓越經濟學大講堂主講"哈耶克論自由的創造力"。（"講座實錄"：《東方早報·上海經濟評論》，2014 年 5 月 27 日）

　　以下是林毓生教授的專訪摘要。

　　亞：《亞洲週刊》
　　林：林毓生

中華民族的唯一道路是憲政民主 —— 兼論法治的精義

亞：中華民族應該走怎樣的道路？

林：中華民族經歷了天翻地覆的各式革命以後，我們發現各式各樣的革命，雖然均將其美好的願景高唱入雲，但卻都未能帶給我們真正有效的、長治久安的政治制度。原因當然很多，最主要的原因，則只有一個：革命成功以後，無法對付革命領袖權力腐化（與濫用）的問題。艾克頓勳爵（Lord Acton）所說的名言："權力傾向腐化；絕對的權力，絕對地腐化"，的確是禁得起歷史考驗，顛撲不破的人間真理。

因此，中華民族未來應走的道路只有一條：建立落實法治的憲政民主制度。（此處"法治"二字指謂 the rule *of* law。法治是法律主治，與 the rule *by* law "依法治國"，根本不同。）人類各個民族都有多彩多姿的歷史，其中都有大家均能欣賞的美好成分。然而，只有歐美文明 —— 雖然也發展出來不少可怕、可鄙的成分 —— 卻在啟蒙時代發展出來以"權力約束權力"的機制與深刻的政治思想。正如孟德斯鳩所說："一切有權力的人都容易濫用權力，這是萬古不易的一個經驗。有權力的人們使用權力一直遇到有界線的地方方才休止……從事物的性質來說，要防止濫用權力，就必須以權力約束權力"。（《論法的精神》，XI: 4）"以權力約束權力"指的是：權力不再統合於一人或極少數幾個人手中；政府的行政權、立法權、司法權分立之，彼此不能逾越而能相互制衡。人類的歷史經驗告訴我們：只有實現法治的憲政民主制度才有落實權力受到約束的希望。

另外，實現法治的國家能夠保障每個人在法律範圍之內的個人自由。在進一步討論法治之前，需先對法律與指令（commands）做一嚴格的區分。指令是為了完成發佈指令的人（或組織）的特定目的而發佈的。必須接受指令的人，根本沒有機會遵從他自己的傾向。專制國家的指令，則常以法律的形式呈現。（不過，在行之有年的憲政民主國家，臨時出現了緊急狀況時，政府有時也需要使用指令來解決緊急問題。）法治中的法律，則有兩個要件：

(1) 普遍性：它普遍地應用到社會上的每一個人，沒有人可以例外。（中國法家思想中也有所謂王子犯法與庶民同罪的"平等"說法。）然而，法家思想中的"法"，大多是這裏所說的"指令"，它基本上，是為君主的利益服務的，也與下面所要談的法治中的法律不為任何人或團體的具體目的服務的抽象性要件不符，兩者（民主憲政中法律與法家中的"法"）根本不同，不可混淆。人間的法律，假若運作得平等，它增加了人們的行為在這個範圍之內的信心、穩定性與靈活性。假若我守法的話，其他人也都守法的話，我在這個空間之內是相當自由的，我就不必太擔心，假若有一個人要跟我搗亂，我怎麼辦？因為他要跟我搗亂的話，我知道法律就會對付他。

(2) 抽象性：法治之下的法律不為任何人或任何團體（包括政黨）的具體目的服務。當我們遵守那些（在制定時並不考慮對特定的人適用問題的）普遍且抽象的規則時，我們並不是在服從其他人的意志，因而我們是自由的。正是由於立法者並不知道其制定的規則將適用於甚麼特定的案件，也正是由於應用這些規則的法官，除了根據現行規則與受理案件的特定事實做出判決外，別無其他選擇，所以我們可說這是法治而非人治。

尤有進者，必須加重語氣強調的是：不是任何經過法律程序通過的法案就是合乎法治的法律。為甚麼呢？因為立法本身需要遵守法治背後的基本原則，可稱之為法治的"後設原則"（meta-legal principles）。這些"後設原則"指的是支持法治的道德價值及受其影響的政治觀念，包括：人生而平等、人不可能十全十美（故其權力必須在制度上加以限制）等等。假若立法機構合乎程序通過的法案違背了法治基本原則的話，大法官會議可判其違憲。

除了能夠防範政治權力的腐化與濫用以外，法治的另一重大效益是能夠提供給社會裏的人們，在各自不同的工作中高效率的彼此良性互動的框架。人類經驗告訴我們，只有法治之下的社會、政治、經濟與文化生活最能給予參與其中的每個個人免於強制（至最大程度的）個人自由的生活。每個人，在自己的自由空間之內，按照自己意思去做自己興趣所在之事的時候，通常需要別人提供給他所需要的各項服務。客觀上，自然會與別人產生（不需中樞指導的）交換、協調、分工、合作。這種生活最能提供給人們需要的各項資訊和知識。一個自由的社會，能夠利用的知識遠遠超過最聰明的統治者的想像力。所以，保障個人自由的法治之下的社會，使得人的潛力最易發揮出來，最能利用知識，最有生機，最能解決問題。因此，也是最有力量的社會。

當然，這樣的生機盎然的自由社會需要道德資質的支持，包括責任感、履行諾言、守法精神、對別人的尊重，以及參與自己興趣所在的活動的積極性等。（以上對於自由的性質及其效益的說明與分析，主要根據 Friedrich A. Hayek, *The Constitution of Liberty*〔Chicago: University of Chicago Press, 1960〕有關章節。引用原文很多，不用引號，以免讀者感到過於累贅。譯文曾參考鄧正來以及楊玉生、馮興元等的中譯。關於這個主題的進一步說明，請參閱我在復旦的"講座實錄"。）

亞：您特別強調法治在落實民主的重要性，而法治是西方，尤其是英美，發展出來的制度與文化。在中國的歷史環境中，要談法治，一個無法迴避的問題是：如何引進西方發展出來的法治制度與文化到中國的土地上來。目前中國大陸有些人，也許由於中國國力變得強大的緣故，懷抱着排斥外來東西的態度，他們認為西方以法治為基礎的憲政民主是與中國水土不服的。而在亞洲，落實憲政民主比較有成績的國家是印度與日本，那都是英美帝國主義統治他們以後留給他們的東西。即使香港的法治，也是英國殖民的遺留。您對這些看法，有何意見？

林：那些自我封閉的看法，主要是狹隘的"本能民族主義"所反映的護本情結，或是政治力量所鼓動出來的態度。至於英美帝國主義，它有兩面性。一方面，它的確強加給我們許多壓迫；但，另一方面，它卻也帶來不少現代化中正面的東西，如現代的醫藥（那是隨着帝國主義的侵略而來到中國的傳教士所引進的），以及歐洲啟蒙運動（包括蘇格蘭啟蒙運動）關於自由、共和、民主與科學的主張。

　　至於以法治為基礎的憲政民主，除非先被英美殖民，就先天地以為與中國水土不服，不可能在中國人的土地上生存與發展的看法，是與事實不符的 —— 所以，不攻自破。台灣是中國人生存的土地，雖然被日本佔領 51 年，但日本是以軍事帝國主義統治台灣的。自 1945 年光復以來，尤其在蔣氏政權消失以後，那裏的華人在自己的土地上，已經建立起來（初階的）符合以法治為基礎的憲政民主制度。事實上，台灣已經獲得兩項破天荒的重大成就：(1) 經由普選，政權和平轉移，不必流血；(2) 人民普遍獲得人權的保障（包括人身自由、言論自由、國民教育受教權、全民健康保險等等）。

　　台灣在法治與民主制度上的運作，確實是在初階階段，有不少相當不成熟的地方。然而，制度上的突破已不可逆轉。今後的問題，已經不是，在中國人的土地上，是否**可能**建立憲政民主，而是**如何**改進已經建立的憲政民主的制度與文化。（下面我將對台灣現行的民主制度與文化提出若干相當嚴厲的批評；這些批評，都是站在關懷台灣民主發展的立場，希望它能向前推進一步。）

　　台灣的經驗使我們可以直截了當地說："是否**可能**在中國的泥土上引進西方文明發展出來的，以法治為基礎的憲政民主？" —— 是一個假問題。真問題是："**如何**為建立中國的憲政民主而奮鬥？"

人權的觀念已在台灣民間普遍地生根。由於受到傳統中國文化的影響，中國人本來就是富於人情味的；現在台灣在法治保障下的平等的觀念，釋放出來了超越身份，更為一視同仁的人情味（這與佛教與儒家文化成分在民間合流也有關係）。本地人，對於這個現象，習以為常；外地人到台灣以後，在舟車行旅等日常生活中，則明顯地感受到這方面落實民主生活的現象。

殷海光的思想遺產

亞：**在您眼中，殷海光先生最大的思想遺產是甚麼？對現在的中國人有甚麼意義？**

林：先師殷海光先生的思想遺產主要是：凡是熱愛中華民族的人，必須堅持：實現以法治為基礎的憲政民主理想及其所蘊含的自由的價值與人權的觀念。如果這個理想能夠落實到相當程度，中華民族才能真正獲得長治久安的制度與文化。

中華文明數千年的歷史演化的軌跡，基本上，是一個由中央的"普遍王權"統合社會與思想、文化的體制，雖然不能不說其中有不少成分與西方憲政民主體制的一些成分有親和性。在這樣的情況之下，如要落實民主，必須從事憲政民主的基礎建設。

殷先生早在 1957-58 年，便已大聲疾呼：政府不應以"反攻大陸"為藉口來實施錮蔽人民的伎倆（以便"鞏固其領導中心"，使人民效忠最高領袖）。 殷先生認為，政府大部分措施，與其為了可行性不高的"反攻大陸"而設計 —— 為了那個渺茫的目的而投入大部分資源 —— 不如從事長治久安的民主基礎建設工作。這種"真正該做的事"，乃是從**具體的、積極的建設行動中求民主的實現**。這樣才不致落空⋯⋯必須全國人民以**憲法為張本，善用民主方式**⋯⋯洗刷舊污的勢力⋯⋯民主運動需要教育與文化為其基礎。"（重體為林毓生先生所加）《全集》〔台北：桂冠，1990〕，XII，頁 633 。）

台灣民主的成就與局限

亞：台灣民主化以來，獲得了巨大的成就，您如何評價台灣的民主進程？

林：台灣的民主，雖然已經在制度上獲得了兩項，剛才談到的，前所未有的成就，不過，由於民主政治實際運作所需要的"遊戲規則"（除了選舉制度及其運作的程序以外）並未穩定地、完整地建立起來，也未形成社會學家席爾斯（Edward Shils）常說的"**具有共識（基礎）的**多元主義"（consensual pluralism）（這與"台獨意識"的興起很有關係），以致國會中的在野黨可以利用杯葛（blocking）（如佔領主席台等等），使得少數綁架多數；藍綠對決，浪費了不少政治能量。今天的台灣式民主之所以產生相當混亂的現象，主要的原因是在實行民主體制的學步階段 —— 李登輝與陳水扁主政 20 年期間，對真正的民主基礎建設工作，則卻步不前。（因為他們真正的興趣，並不在此。）當然，社會也需要參與，這種工作不能只靠政治領袖來推動。然而，在中國（包括台灣）的生活世界中，政治的實際影響力是比較大的。解嚴以後，台灣式民主的混亂，是許多人始料未及的。不過，根據理性的分析，一個從來未曾有過**徹底的、完整的**民主基礎建設的台灣，落到這步田地是可以理解的。講到這裏，益發使我們感念殷海光先生早在 1950 年代已公開強調民主的基礎建設的深思與遠見。

任何一個社會，如要推展自由的民主，均必須極力進行民主的基礎建設，包括法治的確立與深化、公民文化和公民道德的培育，以及公民社會的養成。

殷海光的精神

亞：作為殷海光先生的著名學生之一，您如何評價殷海光先生？

林：殷海光先生為了中華民族的福祉，投入了他的整個生命來為其實現憲政民主的理想而奮鬥的。他的堅持，只在表面上與"宇宙神話"（cosmological myth）籠罩下中國傳統以"三綱"為主軸的禮教社會中，義之所在，知其不可為而為之的精神相似。因為殷先生所堅持的言論蘊涵着理性的力量 —— 它具有政治遠見與歷史解釋力（所以它可應用到現在、過去，與未來）。這樣具有理性力量的政治判斷，蘊涵着超越性與公共性。

所以，一方面，它不受現實考慮（殷先生自身之安危、蔣氏政權能否接受等等）的限制；另一方面，它超越了個人之私、一家之私、一黨之私、一個族羣之私、一個地域之私、一個民族之私，與一個國家之私。這種政治理性的超越性，乃是宇宙中一項"真實"的力量。殷先生受到了它的召喚，因此非把他的判斷在當時的公共論壇《自由中國》上發表出來不可。

殷先生在到台以後的歲月中，由於堅持理想所遭遇的政治迫害，與他面對這些嚴峻的迫害所展現的"威武不能屈"的嶙峋風骨，以及他對事理公正的態度與開放的心靈，對知識的追求所顯示的真切，和對同胞與人類的愛和關懷，在在使我們感受到一位中國自由主義者於生活與理想之間求其一致的努力所釋出的人格素質。甚麼是人格素質？用韋伯的話來説，那是來自一個人底"終極價值與其生命意義的內在關聯的堅定不渝。"（韋伯〔Max Weber〕著，錢永祥編譯：《學術與政治：韋伯選集 (I)》增訂再版〔台北：遠流，1991〕，頁 308。）

殷先生偉大的精神，對於任何與他直接或間接接觸過的人，都可能產生"奇理斯瑪"（charismatic）的震撼。我們面對民族的苦難，自然要想到在思想企向與做人的態度上，如何才能保持**自己的**人的尊嚴！

本文的刪節版曾刊登在 2014 年 11 月 30 日的《亞洲週刊》，本書收錄的版本經過作者的審訂，為完整修訂本，定稿於 2014 年 12 月 5 日。

附錄

民主散論 *

　　我今天主要是要談談何謂民主？首先，我想談談為何我要講這個題目。我認為思想與非思想性的工作同樣重要，有人認為思想不重要，努力工作就行了，這是因為對思想的重要性不了解的緣故。中國人要求民主已超過一個世紀了，從中國歷史上看，要求民主的實現是一個時代的主流，不管是哪一派，對於民主從未加以批評，總是都說民主好。不過，不同派別的人所談的民主，常常是不同意義下使用相同的詞而已。

　　今天既然要談民主，就要談"民主"這個詞，中國人本無此詞，"民主"這個詞是從西方文字中翻譯過來的。依我個人看，中國文化中根本沒有民主這個觀念，這就牽涉到其他許多問題。很多中國人喜歡說外國東西我們都有，在中國近代思想史上這是一大潮流，此種想法的產生亦非偶然。從前我在台灣大學讀書時，有人公開發表演說，認為原子學說沒有甚麼了不起，

---

* 　此文初稿原是 1983 年在一個非正式場合的談話記錄，收入拙著《思想與人物》（台北：聯經，1983、2001）時，題作〈論民主與法治的關係〉。現在重看，覺得雖然其中內容有幾點仍然站得住腳；但，有的地方相當散漫，也有一項說明有誤解。由於時間的限制，目前無法重寫全文，只能改正那項誤解，並在文字上略做增刪與調整。關於法治（the rule of law，不是 the rule by law），本書最後一章論述其要旨時，比作為本書"附錄"的此文，要扼要得多。

我們《易經》裏早就有了。照他的説法推演下去，你好好讀《易經》，就可變成很好的科學家。當然，這只是一個很可笑的特例；然而，的確有很多人想用這種思想方法來"解決"很多問題。

中國傳統文化中沒有民主觀念

關於中國過去有沒有民主這個觀念，很多人説中國不是完全沒有民主，我們沒有議會制度，但這並不表示中國沒有民主的觀念，有人會説民主就是對老百姓好，例如《孟子》一書中有"民為貴，社稷次之，君為輕"，"天視自我民視，天聽自我民聽"的説法，他們認為這些話就代表民主觀念。另外，當代一位很重要的哲學家説中國無政道的民主，但有治道的民主，中國有外國民主的一部分，而非全有。我個人很不同意上述這些説法，這些説法除了代表説這些話的人自己的思想混淆、心理不平衡以外，並沒有正視問題，也未能解釋清楚問題。

為何我認為中國傳統文化中沒有民主的觀念？要回答這個問題，首先要談一談究竟甚麼是民主？簡言之，民主即是"主權在民"（popular sovereignty）的觀念。如果主權在每個人手上，作為權利主體（subject）的人們，自然是平等的。不平等主體，意味有的人是主體，有的人不是完整的主體，那是自我矛盾的命辭。權利主體，同時蘊含人們的自治（self-government），不是別人管理的對象或客體（object）。[1] 這是民主

1　Giovanni Srtori, *The Theory of Democracy Revisited* (Chatham, NJ: Chatham House Publishers, 1957), p. 58.

的規範性理想。

那麼,人們何以會具有主體的權利呢?,今天,無法細講這個複雜的問題。我只擬簡單地談一談 17 世紀英國自然法傳統中,洛克 (John Locke〔1632-1704〕) 所提出的理論。作為基督徒,他的政治思想是以基督教教義為其前提的。上帝以自己的形象造人,人性中自然具有理性 (理知、思辨與判斷能力)。就人們同是上帝的兒女而言,自然也是彼此平等的。亞當、夏娃,違背了上帝的告誡,吃了知識之果,知道善惡,有了慾望之後,被逐出伊甸園。上帝雖然震怒,但不可能放棄自己的兒女,只能讓他們自食其力地活下去。他們的農耕與收穫是他們自己之所為與自己之所得 —— 這是私有財產的起源。換言之,他們有資格據為己有自己勞力所得之收穫,同時有資格據為己有自己勞力所付出的土地,亦即:他們自然有私有財產的權利。

既然上帝要世間的人們活下去,每個人均不可殺人 (無論他殺或自殺)。每個人可根據理性推出這個符合十誡的結論 —— 據此延伸,每個人均不可傷害別人。因此,人自然據有生命權利。既然要活下去,當然要好好地活下去,所以每個人自然有根據自己的意思 (在不妨礙別人自由的條件下) 做自己所要做的事的權利,亦即自由的權利。

以上三項權利 (生命權、自由權、財產權) 是洛克所謂政府尚未建立之前的 "自然狀態" (the state of nature) 中,人們享有的自然權利。這種權利不是甚麼人間的權威授予的,它們是每個人生而具有的自然權利,所以又可譯作:天賦權利或天賦人權。洛克的"自然狀態"，不像霍布斯的"自然狀態"那樣可怕[2]，他說："雖然它（自然狀態）是自由的狀態，它卻不是一個放縱（沒有拘束）的狀態」("though this〔the State of Nature〕be a state of liberty, yet it is not a state of licence")。洛克的"自然狀態"中的人們根據他們生而具有的理性，自然認識並遵守自然法中的規範：包括信守承諾、不傷害別人、不作偽證。在這些條件的支持下，社會生活（包括經濟生活〔在契約關係下買、賣農產品、農具與犁田的牲口等〕）自然地發展出來。從洛克的觀點來看，社會先於政府出現。社會與政府是分開的。社會是自發的，政府是建立的——建立甚麼樣的政府應由社會來決定。這種主張是自由主義的一個基本原則，這也是為甚麼許多人把洛克當作自由主義之父的原因之一。如果政府（包括其中的官員）腐化了，濫用了他們的權力，社會裡的人們當然具有反抗與取消他們權力的權利。

在"自然狀態"的原始農耕中，出現了貨幣，生活變得複雜了。田裏的收成吃不完，可以賣掉（與沒有貨幣之前，只能讓它爛掉不同），收到的貨幣，可以用來在市場上貴賣賤買其他的東西。財產可以累積，社會上出現貧富之分。人們雖然天性中有其理性的成分；然而，在貨幣與隨之而興起的市場出現以後，貪婪之慾望也就掀動了起來。社會中出現了爭奪、偷

2　霍布斯也有權利主體的觀念，但他認定的"自然狀態"是"人人相互為敵"的狀態，為了脫離那樣可怕的環境，人們讓渡自己的自然權利給專制的君主，希望他建立一個人們可以共存的政治社會。問題是：專制君主並不見得願意或能夠建立那樣的一個政治社會！這又如何呢？這些問題，需要再研究。

竊、搶劫、殺害。雖然大部分的人，仍遵守自然法中的規範與理性的節制，不過，自然法與理性已不足以維持社會的正常運作，大家於是同意成立國家（政府），以其實徵法（positive law）強制性來補充自然法的規範，於是人們脫離了"自然狀態"而進入具有權力運作機制的政治社會。洛克的政治社會是以法治為其基礎的。政府的權力是為了保障人們權利的落實，不是為權力而權力。這是憲政民主的濫觴之一。

洛克的自然法論證，依賴基督教義為其前提，在現代性"除魅"浪潮衝擊之下，逐漸退隱。不過，它的影響在重建古典自由主義的各種努力中，仍然清楚可見。[3]

剛才提到，自由主義的基本主張之一是：社會先於國家（政府），主權在人民的手上。政府之成立是由人民來決定的。民主的基本觀念是"主權在民"。這個觀念翻遍中國所有典籍是找不到的。

中國的"民為貴"思想並不蘊含民主，民主則包括民有、民治、民享。"民為貴"只與民享觀念不衝突，卻與民有、民治觀念是衝突的。為甚麼呢？孟子的"民為貴，社稷次之，君為輕"的觀念是儒家仁政思想中的民本思想 —— 即做皇帝的人應該為老百姓謀福利 —— 應以老百姓的福利為本，社稷也很重要，他自己的利益最不重要。最後一點並不是說他自己不是

3　以上關於洛克學說的簡述，曾參考：J.S. McClelland, *A History of Western Political Thought* (London:Routledge, 1996), chap. 12 "Social Contract II: the Lockian Version", pp.230-248 與 Jeremy Waldron, "Locke, John" in *The Blackwell Encyclopaedia of Political Thought* (1991) ed. David Miller, pp.292-296。

人民的統治者，因為中國的天子是秉承所謂天命的，從天命的觀點得到政治的正當性。中國政治思想中，從來沒有天命是可以傳給老百姓的觀念。天命只能傳給天子。假如在位的皇帝很腐敗的話，從儒家政治思想來看，腐敗的皇帝不是皇帝，既然不是皇帝，老百姓就有權利起來打倒他，再另找一位真正秉承天命的人來繼承王位。這是我們中國政治思想中一個偉大的觀念——即：我們人民有權利反抗腐敗的政權。但，這並不表示中國原有民主的觀念，因為把這個腐敗的皇帝打倒以後，還是要由一人秉承天命，取得王位，做人民的統治者。事實上，多是馬上打天下，把其他勢力打倒之後，就宣稱自己是得到天命的真命天子了。所以，事實上這不是民主，理論上也沒有民主的觀念。換言之，民主的價值與觀念完全是外國來的，壓根兒中國文化就沒有這種東西。但近幾十年來，我們卻都要求要有這種東西，要實現這種東西。不過，從要求到真正的實現，是非常困難的一件事情，因為歷史文化方面的基本觀念很難、很難移植。

而談到移植問題，中西文化接觸之初，我們本來是看不起西方文化、抗拒西方化的，後來變成要講 "中學為體，西學為用"，再變為崇拜西洋文化。到五四時代，居然有所謂 "全盤西化" 的要求，這其間的變化很大。事實上，學習西洋有好幾個層次，最簡單的層次是技術層次，比如電腦。第二層次是組織層次，這已經比較難了，比方如何開會、訓練軍隊、開工廠等。就開會而言，如何把會開得有成果？這在台灣或大陸常常發生不少問題。再高一個層次就是思想與價值方面的層次，即：如何思想或接受某一價值,這比組織層次還要難。以嚴格標準來衡量,我們真正獲得的西方思想與價值相當少;例如,雖然現在已經沒有甚麼人不贊成民主,左派、右派、中派、自由主義、極左派、極右派,大家都說贊成民主,沒有人不贊成民主,沒有人反對民主。但是,由於不同的人所說的民主常常不是同一件事,對於民主的定義尚未得到共識,真正的民主觀念與民主價值在中國落實是不容易的。

民主的好處與價值

下面我要談談民主有甚麼好處?為甚麼要實行民主?為何要接受民主的價值與民主的觀念?民主的基本運作程序,可分為兩點:一是每人有權利發表自己的意見,二是大家贊成多數,尊重少數。民主的好處,簡言之,有三點:

一、假設社會上有一種事情,這種事情比較容易引起爭論,不是約定俗成地大家都能同意。如何解決這個問題?用民主的方式來解決是比較最和平、最不容易傷害人,而且也最不浪費。若大家有了爭論,如果不採取民主方式,很可能打成一團,當然就有很多人受傷,最後可能由一個強有力的人起來,用威脅與壓迫的方式統治大家,社會資源也會造成很大的浪費。民主的運作則是,如果有不同的意見,大家都有權利表示自己的意見,最後用表決的方式來看誰的意見得到多數票,這樣取得共同的方案。這個辦法是最和平的辦法,而且也最不浪費社會資源。

　　二、民主是保障自由的屏障（safeguard）。我認為民主是一種手段而非目的，自由才是社會生活的主要目的。如何才能有自由呢？在何種生活之中，我們才能有自由呢？一般而言，民主的社會與政治比較容易保障個人的自由。其他的社會對於自由的威脅更大，雖然民主的社會也可能產生"多數強迫少數"（tyranny of majority）的現象。但是，民主是我們人類經驗中所能找到最不壞的（the least harmful）制度。其他的制度更壞；因此，我們只好接受民主制度。

　　三、民主是一比較能使大多數人得到正常公眾教育（public education）的制度。實行民主，大家要參與，否則不是民主，每個人都有權利做候選人，都有權利投票，都有權利發表意見。換言之，民主的社會是一個參與的社會，社會中的事情，我們要關心，我們要做決定，既然是參與的社會，就比較容易與社會的重要事情相關連。為了要了解社會中的事情，必須有些基本條件：基本的法律常識、運作常識。所以民主社會是一個使社會基本成員得到正常教育的社會。

民主的運作

　　那麼，真正的民主如何運作與實現呢？這就牽涉到"共識"（consensus）的問題。在這方面，西方政治思想界最重要的發言人是盧梭，他提出了所謂 general will 的觀念。民主允許每個人發表意見，民主是假定每個人是自己的主人。照這樣講，民主最容易造成社會四分五裂，如果每個人都有自己的意見，而每個人的意見又都不一樣的話，最後很可能產生不出多數來。在民主的過程中，產生多數贊成的意見並不是必然的。很可能大家都是少數，誰也不贊成誰。所以民主基本運作有一種很微妙的關係：民主在形式上承認每個人有權利發表意見，但事實上，在允許大家可以發表不同意見之前，已經先假定大家對於最根本的問題是具有共同意見的。換言之，有了最根本的共同意見之後，才能發表不同的意見，否則不可能實行民主。基本上，有了"共識"，然後才可能產生少數服從多數，多數尊重少數。

那麼如何產生一個有共識的社會？這個問題在中國一直未能得到完善的解決。因為在中國產生共同意見的傳統與民主社會產生共同意見的傳統，是完全相反的。在中國產生共同意見的方式主要是道德的與政治的，而不是經由法治的方式。法家所談的那一套主要是把法律當做政治統治的工具，與英美民主社會所依靠的"法律主治"的法治完全相反，以法治的觀念去看法家所謂的法律，那些法律是不合法的。換句話說，在中國產生共識的方式，主要有兩種：(一) 道德的規範與訓勉 (各式各樣的精神訓話與真的和假的道德範例所能產生的影響)。(二) 壓制性權威，由上對下所施予的威脅與壓迫。是種方式與民主自然格格不入，也不容易產生民主的"共識"。但西方的 general will 產生的過程則不同，那是怎麼產生的？這個問題很複雜，我現在只能提一點。自由民主最早是從希臘城邦制度發展而來。中國與西方一開始發展的方向就有很大不同。古希臘 (公元前 500 年以前) 基本政治型態是城邦政治，基本上是很小的地方、很少的人，產生一個社區 (community)，不是社會 (society)，大家多已認識，生活在一起，因為地方很小，不須用繁複的行政系統就可治理，產生秩序。因為是城邦制度，所以每個人都參與。如希臘雅典人民整天都參與，很少私人生活，時間都花在開會、辯論等公共事務上。開會不是制訂各種行政條文，主要是達成政治決定（political decisions），而非行政決定（administrative decisions）。既然是政治性的活動而非行政性的活動，如果要避免把社會搞得四分五裂，大家就必須共同遵守法律。

這樣在共同遵守法律的過程中產生了共識。這種辦法最早並不始於雅典，任何原始社會都有習慣法（customary law），雅典的注重法律的觀念源於此。而中國古代很早就有大的帝國出現，產生了很大的行政問題，必須有強大的政治權威制定行政方面的制度與規定，用官僚與軍隊強迫的辦法使百姓服從上面的權威。希臘則是制定法律，由法律的運作產生行為規範，由此產生"共識"。希臘後來發生新的危機時，有智慧的人起來，是用制定法律的方式，以求得到"共識"，解決危機的。換言之，民主的"共識"如何產生？從何而來？實現民主必須先有法治。但我們沒有法治傳統，卻又要實行民主，所以成績一直不理想。民主之產生與運作，必須先有法治；而我們是為了實行民主才要求實現法治。事實是，先有法治才能實行民主。但我們壓根兒就沒有法治的傳統（只有人治與刑罰的傳統），這是我們的根本問題所在。

另外，共識的觀念與西洋的"政教分離"（Separation of Church and State）的理論與實踐有很密切的關係。民主之運作基本上是從西洋"政教分離"演變而來的。"政教分離"的理論與中國的"內聖外王"的理論剛好相反。"內聖外王"的理論認為一個社會中的最有道德的人應是政治領袖,事實上,在馬上得天下的朝代制度下,有了權力的政治人物,被儒學傳統加上了道德的責任。從"政教分離"的觀點來看,那是不合理的,也是很難做到的。我們認為"人人皆可為堯舜",但西方"政教分離"的觀念卻蘊涵一個與我們正相反的觀點:人都不可能十全十美,無論他多麼努力;包括堯舜、孔子在內,只要他們是人,就不可能成為十全十美的聖人,就不可能做人類精神的導師。人間事務要分成兩個範疇:精神的(the spiritual)與世俗的(the secular);或者説神聖的(the sacred)與污濁的(the profane)。教會直接秉承神意指導精神範疇的事。不過,人還未上天堂,人的外在生活需要秩序,這種世俗範疇裏的事則由世俗權威即政治領袖來管治。基本上,社會裏有兩種權威:政治權威是在社會裏面,而非在社會上面。在啟蒙運動之前,世俗的政治權威是站在教會權威之下,即 State 是站在 Church 之下。政治權威是一個比較有限的東西,其權力範圍是有限的,只能管一部分事情,不能管所有事情,如文化教育政策並非它的責任。到十八世紀後,政治與教會的分界線發生很多危機,而且很多人不再相信教會,許多啟蒙運動的領袖要打倒教會。但基督教世俗化以後,原來的教會權威化入社會。政府的行為要由社會來監督。西方民主之發展,是社會本身的道德文化傳統做為民主的基礎,"共識"的基礎。政治行為基礎不能由政治行為本身所產生。相反,中國歷來政治的權威與功能非常強大,它要管理而且指導社會。因此,中國的共識往往是要由政治力量（包括它運用的宣傳機器）促成，社會反而不太能發揮力量，這是我們目前的問題所在。

對民主的批評

現在大多數的人都已經接受民主的價值，認為我們要實行民主。可是在真正實現民主之後，除了我剛才講的幾點正面的好處以外，在政治、社會、文化各方面也可能產生不少問題。這並不是說我反對實行民主，而是要以批評的態度，正視一些不是一廂情願、喊喊口號就能了解的情況。

在社會方面，民主的本意是：人民自己作主，人民在這裏是指社會裏的每一個成年人，所以大家是平等的。每個人都有權利自己做決定。但在以民主做為主調，不把民主當做獲致自由的手段，而把民主當做目的的時候，在實際思想上，"自己有權利做決定"卻很容易滑落成"自己就有能力做決定"。然而，民主的社會中，每個人是不是真的有能力對每件事做決定，卻是一個很大的問題。在一個特別強調民主，沒有想到民主只是求取自由的手段的地方，往往最容易有一窩蜂、趕時髦的現象，最容易接受同儕壓力（peer pressure），也最不容易養成獨立性。因為自己以為自己有能力做決定，父母、教會以及其他傳統權威，都不再可信；但是，自己又必須*有所根據才能做決定*，結果就常常是根據社會上流行的時尚。把民主當作目的的時候，常會產生 social conformity（社會同一性）。這一點法國十九世紀政治思想家托克維爾（A. de Tocqueville）很早就説得很清楚。

在文化上，民主一方面鼓勵平等，另一方面也因為講平等而和 elitism 有相當衝突。這點希望將來我們實行民主時能夠避免。任何社會都需要領袖，民主的社會也無法例外。問題不在於是否需要領袖，而是在民主的社會裏有沒有真正的、好的領袖（在其政治領域中如華盛頓、林肯等人），以及有沒有培養與選擇真正的、好的領袖的機制。（很有意思的是，elite 在英文中意味不平等，在美國是被認為有壞的含義的字眼，但有人把它翻成"菁英分子"，在中文中卻顯得沒有那麼壞。這是因為在文化上，中國人本來就不認為任何表現，都可用泛平等主義視之，過去的士大夫，現在的知識分子，被認為應有較大的責任的緣故。）Elitism 有兩種，一種是社會的（social elitism），這的確不好，例如有錢的人不應欺負比較窮的人；但事實上，有錢的人容易欺負窮人。另一種是文化層面的，也就是韋伯所説的"知識貴族"（intellectual aristocracy）。站在正統自由主義的立場來看，他們有正面的貢獻。但若從泛民主的觀點來看，就不是這樣了。民主重量（quantity）而不重質（quality），凡事求最低公分母。

極權主義與民主的關係

另外，要稍微再講一點。近代民主觀念產生以後，政治思想上才可能演變出來極權主義（totalitarianism）。盧梭（Rousseau）的 general will 的觀念，一方面是對民主的支持，另一方面卻也與極權主義有複雜的關係。在 general will 的理論還沒有建立以及實際政治上民主政治還沒有正式很有效的成為政治運作方式之前，壞的政治是暴君政治（despotism）或羅馬式的獨裁（dictatorship），但卻不會變成極權主義。

　　極權主義（totalitarianism 或譯：全權主義）與威權主義（authoritariarianism 舊譯：集權主義）是很不一樣的兩種政體。極權主義指政治力量的控制擴及於文化、藝術以及社會上一切行為。而威（集）權主義中的當政者的胃口比較小或者沒有那麼大的本領，所管轄的事務也就比較少。除了希特勒式政權轉成極權政治，普通的右派多半發展成威（集）權政治。實行極權主義的人則自己覺得道德上比別人高，覺得自己的那一套都比別人講的好，要別人凡事都聽他的；所以左派容易變成極權主義。極權主義是二十世紀人類歷史中最為悲慘的一件事實，這個觀念當然反民主，但是卻和民主的觀念有複雜的關係。傳統社會中不講大眾參與，暴君雖然殘暴、惡毒，卻局限在一個相當的範圍之內，他不會想到控制所有的事物。當民主的觀念興起以後，每個人都可進入政治過程，大眾參與的可能才出現。所以把民主加以扭曲可以產生極權主義。因此，民主有自由的民主（liberal democracy）和極權的民主（totalitarian democracy）兩種，後者和 general will 的觀念有很大關係。西方思想史家 J. L. Talmon 所作 *The Origins of Totalitarian Democracy* 是這方面的經典之作。今天的演講就暫時講到這裏。

1983 年 2 月 19 日，威斯康辛大學（麥迪遜）中華民國同學會舉辦演講會紀錄